《“十四五”国家知识产权保护和运用规划》辅导读本

国家知识产权局　组织编写

知识产权出版社
全国百佳图书出版单位
—北京—

图书在版编目（CIP）数据

《"十四五"国家知识产权保护和运用规划》辅导读本/国家知识产权局组织编写；申长雨主编. —北京：知识产权出版社，2021.11

ISBN 978-7-5130-7841-2

Ⅰ.①十… Ⅱ.①国… ②申… Ⅲ.①知识产权保护—中国—学习参考资料 Ⅳ.①D923.404

中国版本图书馆 CIP 数据核字（2021）第 231612 号

责任编辑：武　晋　　　　责任校对：谷　洋

封面设计：智兴工作室　　责任印制：刘译文

《"十四五"国家知识产权保护和运用规划》辅导读本

国家知识产权局　组织编写

申长雨　主　编

甘绍宁　徐治江　胡文辉　副主编

出版发行：知识产权出版社有限责任公司　网　址：http://www.ipph.cn

社　址：北京市海淀区气象路 50 号院　邮　编：100081

责编电话：010-82000860 转 8772　责编邮箱：windy436@126.com

发行电话：010-82000860 转 8101/8102　发行传真：010-82000893/82005070/82000270

印　刷：天津嘉恒印务有限公司　经　销：各大网上书店、新华书店及相关专业书店

开　本：880mm×1230mm　1/32　印　张：5.375

版　次：2021 年 11 月第 1 版　印　次：2021 年 11 月第 1 次印刷

字　数：106 千字　定　价：28.00 元

ISBN 978-7-5130-7841-2

编委会名单

目　录

“十四五”国家知识产权保护和运用规划

为贯彻落实党中央、国务院关于知识产权工作的决策部署，全面加强知识产权保护，高效促进知识产权运用，激发全社会创新活力，推动构建新发展格局，依据《中华人民共和国国民经济和社会发展第十四个五年规划和2035年远景目标纲要》和《知识产权强国建设纲要（2021—2035年）》，制定本规划。

一、规划背景

“十三五”时期，党中央、国务院把知识产权保护工作摆在更加突出的位置，加强顶层设计，部署推动一系列改革，出台一系列重大政策，建立健全国务院知识产权战略实施工作部际联席会议制度，重新组建国家知识产权局，完善知识产权法律法规体系，推进知识产权领域司法改革，有效提升了知识产权领域治理能力和治理水平。五年来，各地区、各有关部门深入实施《"十三五"国家知识产权保护和运用规划》，持续推进知识产权战略实施，知识产权创造能力稳步提高，国内每万人口发明专利拥有量从"十二五"末的6.3件增加到15.8件，专利、商标、版权、植物新品种等知识产权数量位居世界前列，质量稳步提升。知识产权运用效益持续提高，交易运营更加活跃，转移转化水平不断提升，专利密集型产业增加值占国内生产总值（GDP）比重超过11.6%，版权产业增加值占GDP比重超过7.39%。知识产权保护力度明显加大，保护体系不断完善，保护能力持续提升，知识产权保护社会满意度提高到80.05分。知识产权公共服务体系进一步健全，知识产权服务业加快发展。知识产权人才队伍不断壮大，全社会尊重和保护知识产权意识明显提升。知识产权国际合作不断深化，与世界知识产权组织、共建"一带一路"国家和地区、金砖国家、亚太经合组织等的知识产权合作扎实推进，形成"四边联动、协调推进"的知识产权国际合作新局面。总的看，"十三五"规划主要目标任务如期完成，知识产权事业实现了大发展、大跨越、大提升，知识产权保护工作取得了历史性成就，有效支撑了创新型国家建设和全面建成小康社会目标实现。

当今世界正经历百年未有之大变局，新一轮科技革命和产业变革深入发展，国际力量对比深刻调整，国际环境日趋复杂，不稳定性不确定性明显增加，新冠肺炎疫情影响广泛深远。我国正处于实现中华民族伟大复兴的关键时期，经济已由高速增长阶段转向高质量发展阶段，创新驱动发展战略深入实施，现代产业体系建设加快推进，高水平对外开放不断深化。创新是引领发展的第一动力，保护知识产权就是保护创新。知识产权保护工作关系国家治理体系和治理能力现代化，关系高质量发展，关系人民生活幸福，关系国家对外开放大局，关系国家安全。当前，知识产权对激励创新、打造品牌、规范市场秩序、扩大对外开放正发挥越来越重要的作用，但我国知识产权工作还面临不少问题和短板，主要表现为：关键核心技术领域高质量知识产权创造不足，行政执法和司法衔接机制不够完善，知识产权侵权易发多发和侵权易、维权难的现象仍然存在，知识产权转移转化成效有待提高，知识产权服务供给不够充分，海外知识产权纠纷应对能力不足，知识产权制度促进经济社会高质量发展的作用需要进一步发挥等。“十四五”时期，做好知识产权工作要统筹国内国际两个大局，增强机遇意识和风险意识，在危机中育先机、于变局中开新局，充分发挥知识产权制度在推动构建新发展格局中的重要作用，为全面建设社会主义现代化国家提供有力支撑。

二、总体要求

（一）指导思想。

坚持以习近平新时代中国特色社会主义思想为指导，全面贯彻党的十九大和十九届二中、三中、四中、五中全会精神，统筹推进"五位一体"总体布局，协调推进"四个全面"战略布局，坚持稳中求进工作总基调，立足新发展阶段，完整、准确、全面贯彻新发展理念，构建新发展格局，坚持以推动高质量发展为主题，以全面加强知识产权保护为主线，以建设知识产权强国为目标，以改革创新为根本动力，深化知识产权保护工作体制机制改革，全面提升知识产权创造、运用、保护、管理和服务水平，深入推进知识产权国际合作，促进建设现代化经济体系，激发全社会创新活力，有力支撑经济社会高质量发展。

（二）基本原则。

坚持质量优先。坚持高质量发展方向不动摇，加快推动知识产权工作由追求数量向提高质量转变，促进知识产权高质量创造、高效益运用、高标准保护、高水平服务，更好服务现代化经济体系建设。

坚持强化保护。加强知识产权全链条保护，统筹推进知识产权审查授权、行政执法、司法保护、仲裁调解、行业自律、公民诚信等工作，构建严保护、大保护、快保护、同保护的工作格局，全面提升保护能力，着力营造公平竞争的市场环境。

坚持开放合作。推动知识产权更大范围、更宽领域、更深层次对外开放，统筹推进知识产权国际合作，积极参与全球知识产权治理体系建设，加强知识产权领域多边合作，持续提升知识产权国际影响力和竞争力，服务开放型经济发展。

坚持系统协同。树立系统观念，健全知识产权工作协同推进机制，强化部门协同、上下联动、区域协作、社会共治，综合运用法律、行政、经济、技术、社会治理等手段，提高知识产权领域系统治理效能。

（三）主要目标。

到2025年，知识产权强国建设阶段性目标任务如期完成，知识产权领域治理能力和治理水平显著提高，知识产权事业实现高质量发展，有效支撑创新驱动发展和高标准市场体系建设，有力促进经济社会高质量发展。

——知识产权保护迈上新台阶。知识产权保护法治化水平不断提高，知识产权保护衔接机制更加完善，知识产权侵权惩罚性赔偿制度有效实施，侵权易发多发现象得到有效遏制，知识产权保护社会满意度达到并保持较高水平，关键核心技术领域高质量知识产权更多涌现，有效提升产业链供应链现代化水平，知识产权制度激励创新的基本保障作用充分发挥。

——知识产权运用取得新成效。知识产权转移转化体制机制更加完善，知识产权归属制度更加健全，知识产权流转更加顺畅，知识产权转化效益显著提高，知识产权市场价值进一步凸显，专利密集型产业增加值和版权产业增加值占GDP比重稳步提升，推动产业转型升级和新兴产业创新发展。

——知识产权服务达到新水平。知识产权信息化、智能化基础设施建设取得显著成效，知识产权保护实现线上线下融合发展，知识产权公共服务体系进一步完善，知识产权服务业有序发展，服务机构专业化水平明显提升，进一步促进创新成果更好惠及人民。

——知识产权国际合作取得新突破。我国在全球知识产权治理体系中的作用更加凸显，知识产权国际协调更加有力，"一带一路"知识产权合作实现新进展，海外知识产权获权维权能力进一步提高，有力推进高水平对外开放。

"十四五"时期知识产权发展主要指标

指标	2020 年	2025 年	累计增加值	属性
1. 每万人口高价值发明专利拥有量[①]（件）	6.3	12	5.7	预期性
2. 海外发明专利授权量（万件）	4	9	5	预期性
3. 知识产权质押融资登记金额[②]（亿元）	2180	3200	1020	预期性
4. 知识产权使用费年进出口总额（亿元）	3194.4	3500	305.6	预期性
5. 专利密集型产业增加值占 GDP 比重（%）	11.6[③]	13.0	1.4	预期性
6. 版权产业增加值占 GDP 比重（%）	7.39[④]	7.5	0.11	预期性
7. 知识产权保护社会满意度（分）	80.05	82	1.95	预期性

续表

指标	2020年	2025年	累计增加值	属性
8. 知识产权民事一审案件服判息诉率（%）	—	85	—	预期性

注：①“每万人口高价值发明专利拥有量”是指每万人口本国居民拥有的经国家知识产权局授权的符合下列任一条件的有效发明专利数量：1. 战略性新兴产业的发明专利；2. 在海外有同族专利权的发明专利；3. 维持年限超过10年的发明专利；4. 实现较高质押融资金额的发明专利；5. 获得国家科学技术奖、中国专利奖的发明专利。

②“知识产权质押融资登记金额”是指经国家知识产权局登记的知识产权质押融资金额。

③④为2019年值。

三、全面加强知识产权保护，激发全社会创新活力

（四）完善知识产权法律政策体系。

健全知识产权法律法规。开展知识产权基础性法律研究。统筹推进专利法、商标法、著作权法、反垄断法、科学技术进步法、电子商务法等相关法律法规的修改完善。加强地理标志、商业秘密等领域立法，出台商业秘密保护规定。完善集成电路布图设计法规。推进修订植物新品种保护条例。制定中医药传统知识保护条例。完善与国防建设相衔接的知识产权法律制度。全面建立并实施知识产权侵权惩罚性赔偿制度，加大损害赔偿力度。研究建立健全符合知识产权审判规

律的特别程序法律制度。适应科技进步和经济社会发展需要，依法及时推动知识产权法律法规立改废释。（中央宣传部、最高人民法院、最高人民检察院、科技部、工业和信息化部、司法部、农业农村部、商务部、国家卫生健康委、市场监管总局、国家国防科工局、国家林草局、国家中医药局、国家知识产权局、中央军委装备发展部等按职责分工负责）

专栏1　商业秘密保护工程

健全商业秘密保护政策。完善行政执法程序，细化处罚标准，完善刑事司法程序，加强商业秘密行政执法与民事、刑事司法审判的联动配合，合理划定举证责任。加强商业秘密司法鉴定能力建设，提升司法鉴定水平。

提升市场主体商业秘密保护能力。推动行业组织加强商业秘密保护自律，指导市场主体制定并严格执行全面的商业秘密管理制度，推动有条件的地方建设国家级商业秘密保护基地。建立健全跨境商业秘密保护援助体系。开展商业秘密保护及法律风险培训，强化市场主体特别是中小企业商业秘密保护意识。（市场监管总局牵头，最高人民法院、最高人民检察院、公安部等按职责分工负责）

完善知识产权保护政策。健全大数据、人工智能、基因技术等新领域新业态知识产权保护制度。研究构建数据知识产权保护规则。完善开源知识产权和法律体系。完善电子商务领域知识产权保护机制。健全遗传资源获取和惠益分享制度，建立跨部门生物遗传资源获取和惠益分享信息共享制度。制定传统文化、民间文艺、传统知识等领域保护办法。建立与非物质文化遗产相关的知识产权保护制度。完善体育赛事节目、综艺节目、网络直播等领域著作权保护制度。完善红色经典等优秀舞台艺术作品的版权保护措施。完善服装设计等时尚产业知识产权保护政策。健全药品专利纠纷早期解决机制，制定相关配套措施。完善中医药领域发明专利审查和保护机制。健全绿色技术知识产权保护制度。完善高校知识产权保护管理规定。建立知识产权侵权损害评估制度。（中央宣传部、中央网信办、最高人民法院、教育部、财政部、生态环境部、文化和旅游部、市场监管总局、广电总局、国家林草局、国家中医药局、国家药监局、国家知识产权局等按职责分工负责）

专栏2　数据知识产权保护工程

构建数据知识产权保护规则。深入研究数据的产权属性，探索开展数据知识产权保护相关立法研究，推动完善涉及数据知识产权保护的法律法规。完善数据知识产权保护政策，探索建立分级分类的数据知识产权保护模式。推动建立数据知识产权保护行业规范，加强数据生产、流通、利用、共享过程中的知识产权保护。研究推动数据知识产权保护国际规则制定。

促进数据资源利用和安全保护。支持有条件的地区开展数据知识产权保护和运用试点。在保护个人信息安全和国家数据安全的基础上，促进数据要素合理流动、有效保护、充分利用。积极开展数据知识产权保护国际合作与交流。（中央宣传部、中央网信办、最高人民法院、外交部、工业和信息化部、公安部、司法部、商务部、市场监管总局、国家知识产权局等按职责分工负责）

完善维护国家安全的知识产权政策。研究制定事关国家安全的关键核心技术知识产权保护规则。依法管理涉及国家安全的知识产权对外转让行为，完善知识产权对外转让审查制度。完善知识产权反垄断、公平竞争相关法律法规和政策措施。推进我国知识产权有关法律规定域外适用。研究建立针对进口贸易的知识产权境内保护制度。完善跨境电商知识产权保护规则。（中央宣传部、中央网信办、国家发展改革委、科技部、工业和信息化部、商务部、市场监管总局、国家国防科工局、国家知识产权局等按职责分工负责）

（五）加强知识产权司法保护。

完善知识产权司法保护体系。加强知识产权司法资源配置，加强知识产权审判体系建设。健全知识产权案件上诉机制，完善专门法院设置。深入推进知识产权民事、刑事、行政案件“三合一”审判机制改革。完善知识产权检察体制机制。建立健全与审判机制、检察机制相适应的案件管辖制度和协调机制。完善知识产权司法案件繁简分流机制，开展适应知识产权审判特点的简易程序试点，提高审判质量和效率。探索依当事人申请的知识产权纠纷行政调解协议司法确认制度。推动建立跨行政区域知识产权案件审理机制，充分发挥法院案件指定管辖机制作用，有效打破地方保护。（最高人民法院、最高人民检察院等按职责分工负责）

提升知识产权司法保护能力。加强司法保护与行政确权、行政执法、调解、仲裁、公证存证等环节的信息沟通和共享，促进行政执法标准和司法裁判标准统一，形成有机衔接、优势互补的运行机制。强化民事司法保护，研究制定符合知识产权案件规律的诉讼规范。完善刑事法律和司法解释，加大刑事打击力度，准确适用知识产权领域行政执法移送刑事司法标准和刑事案件立案追诉标准，规范刑罚适用。加强知识

产权司法工作人员培养和选拔，加强技术调查官队伍建设。（最高人民法院、最高人民检察院、公安部等按职责分工负责）

（六）加强知识产权行政保护。

健全知识产权行政保护机制。加强中央在知识产权保护的宏观管理、区域协调和涉外事宜统筹等方面事权。加强知识产权快保护机构建设。在条件成熟的地区建设国家知识产权保护试点示范区。加强知识产权行政执法指导制度建设。建立行政保护技术调查官制度。健全知识产权侵权纠纷行政裁决制度。健全跨区域、跨部门知识产权行政保护协作机制。加强商贸流通领域知识产权保护，制定商品交易市场知识产权保护国家规范，持续推进知识产权保护规范化市场建设，净化消费市场。（国家知识产权局牵头，中央宣传部、文化和旅游部、市场监管总局等按职责分工负责）

专栏3　知识产权保护机构建设工程

提升知识产权保护机构服务能力。在优势产业集聚区布局建设一批知识产权保护中心，构建知识产权快速协同保护体系，提供集快速审查、快速确权、快速维权于一体的知识产权一站式综合服务，加快提升知识产权快速协同保护运行管理能力。加强人员配备和职业化专业化建设，优化人才选聘机制和管理激励机制，加大培训力度，打造知识产权保护高素质、复合型人才队伍。

加强维权援助统筹协调。强化部门协同和区域协作。推动维权援助体系向基层延伸，完善中国知识产权维权援助线上服务平台，加强全国维权援助资源整合，实现维权援助服务全国一张网。（国家知识产权局负责）

提高知识产权行政保护效能。更好发挥全国打击侵犯知识产权和制售假冒伪劣商品工作领导小组作用，加强部门协同配合，开展关键领域、重点环节、重点区域行政执法专项行动，重点查处假冒专利、商标侵权、侵犯著作权、地理标志侵权假冒等违法行为。加大行政处罚力度，加强侵权纠纷行政裁决，有效遏制恶意侵权、重复侵权、群体侵权。完善专利、商标侵权判断标准。加强植物新品种保护体系建设。强化知识产权海关保护。加强特殊标志、官方标志、奥林匹克标志保护。加强知识产权行政执法和行政裁决队伍人员配备和能力建设，提升知识产权行政执法装备现代化、智能化水平，利用新技术手段畅通投诉举报渠道，提升打击侵权假冒行为的效率及精准度。依法规制知识产权滥用行为，不断完善防止知识产权滥用相关制度。（中央宣传部、农业农村部、文化和旅游部、海关总署、市场监管总局、国家林草局、国家知识产权局等按职责分工负责）

专栏4　植物新品种保护体系建设工程

完善植物新品种保护体制机制。推动建立实质性派生品种制度，研究加入《国际植物新品种保护公约》（UPOV）1991 年文本，有效激励种业自主创新。加快国家植物品种测试徐州、三亚中心建设，探索建立品种权区域性审查协作中心和第三方测试机构。加快国家种质资源库、遗传物质保存库和无性繁殖植物保存圃等基础设施建设。加快建立国际测试报告互认机制，深度参与国际在线申请平台建设，鼓励向海外申请品种权。

提升植物新品种保护能力。大力开展维权打假专项行动，加大品种权行政执法案件查处力度，定期向全社会公布典型案例。探索建立品种保护专业审查员制度，建立国家品种保护培训基地，培养一批种业知识产权管理、新品种审查测试、行政执法、政策研究等领域的高素质专业人才。（农业农村部、国家林草局、国家知识产权局等按职责分工负责）

专栏5 地理标志保护工程
实施地理标志保护提升行动。推进建立地理标志统一认定和立体化保护机制。深化地理标志专用标志使用核准改革试点，强化地理标志专用标志使用监管，推动市场主体使用地理标志专用标志覆盖率达到80%以上。构建新型地理标志保护标准体系，推进地理标志保护基础通用国家标准的制定。开展地域特色农产品资源普查，建立资源目录。建成100个国家地理标志产品保护示范区。完善地理标志保护监管年度报告制度。探索建立地理标志联动保护机制，推动形成生产地、流通地、销售地联动查处地理标志侵权违法行为的工作格局。（国家知识产权局牵头，市场监管总局、农业农村部等按职责分工负责） 实施地理标志农产品保护工程。加强原生地种质资源和特色品种保护培育，强化特色品质保持技术集成和监测。加强生产环境保护和设施条件改善，完善地理标志农产品质量技术规程，推进全产业链标准化，打造一批地理标志农产品核心基地。推进地理标志农产品与绿色有机农产品、重要农业文化遗产等融合发展，打造区域农产品公用品牌。加强地理标志农产品质量安全监管，全面实施追溯管理。建立健全地理标志农产品培育、保护和发展机制。（农业农村部、国家知识产权局等按职责分工负责）

（七）加强知识产权协同保护。

完善知识产权纠纷多元化解决机制。培育和发展知识产权调解组织、仲裁机构、公证机构。鼓励行业协会、商会建立知识产权保护自律和信息沟通机制。建立健全知识产权调解、仲裁、公证、社会监督等人才的选聘、培养、管理、激励制度。推动完善知识产权纠纷投诉受理处理、诉讼调解对接、调解仲裁对接、行政执法与调解仲裁对接等机制。探索维权援助社会共治模式，鼓励高校、社会组织等开展维权援助工作。建立完善知识产权侵权纠纷检验鉴定工作体系，加强知识产权鉴定机构专业化、规范化建设，推动建立知识产权鉴定技术标准。建立国防领域知识产权纠纷多元化处理机制。（国家知识产权局牵头，中央宣传部、最高人民法院、司法部、国家国防科工局、中央军委装备发展部、中国贸促会等按职责分工负责）

加强知识产权领域诚信体系建设。推进建立知识产权领域以信用为基础的分级分类监管模式，积极支持地方开展工作试点。制定覆盖专利、商标、版权等领域的信用信息基础目录。推进知识产权领域信用承诺制建设。规范知识产权领域严重失信主体名单认定标准和程序，依法依规对严重失信主体实施惩戒。推进知识产权信用修复制度建设。推动全国知识产权信用信息共享平台与全国信用信息共享平台实现数据共享。（中央宣传部、国家发展改革委、农业农村部、人民银行、市场监管总局、国家林草局、国家知识产权局等按职责分工负责）

（八）加强知识产权源头保护。

促进知识产权高质量创造。健全高质量创造支持政策，加强人工智能、量子信息、集成电路、基础软件、生命健康、脑科学、生物育种、空天科技、深地深海探测等领域自主知识产权创造和储备。加强国家科技计划项目的知识产权管理，在立项和组织实施各环节强化重点项目科技成果的知识产权布局和质量管理。优化专利资助奖励等激励政策和考核评价机制，突出高质量发展导向。完善无形资产评估制度，形成激励与监管相协调的管理机制。（科技部、工业和信息化部、财政部、国家知识产权局等按职责分工负责）

提高知识产权审查质量和审查效率。完善适应创新发展需求的知识产权审查管理体系，优化专利、商标审查协作机制。提升专利商标审查机构能力水平，强化专利、商标、版权、地理标志、植物新品种全流程审查质量管控，提升知识产权授权确权质量。提高专利、商标审查业务精细化管理水平，优化审查资源配置，加强智能化技术运用，提升审查效能，缩短审查周期。完善专利、商标审查模式，加强审查与产业发展的政策协同和业务联动，满足产业绿色转型和新领域新业态创新发展等社会多样化需求。（中央宣传部、工业和信息化部、农业农村部、国家林草局、国家知识产权局等按职责分工负责）

专栏6　一流专利商标审查机构建设工程

建设高水平审查员队伍。对标国际先进水平，完善审查人才培养体系，优化队伍结构，健全保障和激励机制，增强审查人员职业荣誉感。

提高审查智能化便利化水平。以大数据、云计算、人工智能等技术为支撑，以智能审查和智能检索为核心，加强智能分类建设，推进专利、商标审查系统智能化建设。优化远程审查保障。完善数据资源保障，提高基础数据完整性、安全性、可靠性、适用性。

提升审查质量。适时修改专利审查指南，制定专利申请指南，完善商标审查审理标准。建立健全专利、商标审查质量保障和评价体系。加强审查业务指导体系协同。专利审查质量用户满意度指数保持在85以上，商标审查质量满意度保持在较高水平。

提高审查效率。发明专利审查周期压缩至15个月以内，专利无效结案周期控制在6个月以内。商标变更和续展首次审查周期压缩至15天以内，商标转让首次审查周期压缩至1个月以内，商标驳回复审案件平均审理周期压缩至5.5个月以内，商标异议审查周期进一步压缩。（国家知识产权局负责）

强化知识产权申请注册质量监管。完善以质量和价值为导向的知识产权统计指标体系，健全知识产权质量统计监测和反馈机制。严格规范专利申请、商标注册和版权登记行为，严厉打击不以保护创新为目的的非正常专利申请和代理行为，以及不以使用为目的的恶意商标注册和代理行为，依法依规对相关行为进行处置。加强信用监管和行业自律，严厉打击无资质专利代理等违法违规行为。（国家知识产权局牵头，中央宣传部、国家统计局等按职责分工负责）

四、提高知识产权转移转化成效，支撑实体经济创新发展

（九）完善知识产权转移转化体制机制。

推进国有知识产权权益分配改革。强化国家战略科技力量，深化科技成果使用权、处置权、收益权改革，开展赋予科研人员职务科技成果所有权或长期使用权试点。充分赋予高校和科研院所知识产权处置自主权，推动建立权利义务对等的知识产权转化收益分配机制。有效落实国有企业知识产权转化奖励和报酬制度。完善国有企事业单位知识产权转移

转化决策机制。（国家发展改革委、教育部、科技部、财政部、人力资源社会保障部、国务院国资委、中科院、国家国防科工局、国家知识产权局等按职责分工负责）

优化知识产权运营服务体系。推动在重点产业领域和产业集聚区建设知识产权运营中心。培育发展综合性知识产权运营服务平台，创新服务模式，促进知识产权转化。支持高校和科研院所加强市场化知识产权运营机构建设，提升知识产权转化能力。加强知识产权运营专业化人才队伍建设。建立完善专利开放许可制度和运行机制。拓宽专利技术供给渠道，推进专利技术供需对接，促进专利技术转化实施。指导规范知识产权交易，完善知识产权质押登记和转让许可备案管理制度，加强数据采集分析和披露利用。加强知识产权转移转化状况统计调查。（中央宣传部、教育部、科技部、财政部、国家统计局、国家知识产权局等按职责分工负责）

积极稳妥发展知识产权金融。优化知识产权质押融资体系，健全知识产权质押融资风险管理机制，完善质物处置机制，建设知识产权质押信息平台。支持银行创新内部考核管理模式，推动银行业金融机构用好单列信贷计划和优化不良率考核等监管政策，在风险可控的前提下扩大知识产权质押贷款规模。鼓励知识产权保险、信用担保等金融产品创新，充分发挥金融支持知识产权转化的作用。在自由贸易试验区和自由贸易港推进知识产权金融服务创新。健全知识产权价值评估体系，鼓励开发智能化知识产权评估工具。（国家知识产权局牵头，中央宣传部、国家发展改革委、财政部、人民

银行、银保监会、证监会等按职责分工负责）

促进产业知识产权协同运用。推动企业、高校、科研机构知识产权深度合作，引导开展订单式研发和投放式创新。围绕关键核心技术联合攻关加强专利布局和运用。引导建立产业专利导航决策机制，优化战略性新兴产业发展模式，增强产业集群创新引领力。推动在数字经济、智能制造、生命健康、新材料等领域组建产业知识产权联盟，构筑产业专利池。促进技术、专利与标准协同发展，研究制定标准必要专利许可指南，引导创新主体将自主知识产权转化为技术标准。健全知识产权军民双向转化工作机制。（教育部、科技部、工业和信息化部、市场监管总局、中科院、国家国防科工局、国家知识产权局、中央军委装备发展部等按职责分工负责）

专栏7　专利导航工程

完善专利导航工作体系。推动出台地方专利导航产业发展配套落实措施。引导企业、高校、科研机构、行业协会等推广实施专利导航指南国家标准，突出专利导航服务、评价、培训、组织实施标准化引领。加强专利导航理论研究、实务指导、技术支撑，推动建设专利导航业务指导中心，支持在重点区域、重点产业园区建设专利导航服务基地。开展专利导航示范项目建设，加强专利导航项目评价，引导规范专利导航市场化服务。

深化专利导航运用模式。完善以产业数据、专利数据为基础的专利导航决策机制，创新专利导航服务模式，打造专利导航深度应用场景。组织开发专利导航数据产品、分析工具、应用平台。推动实施重点领域、重点产业专利导航项目，引导关键核心技术攻关，加强产业专利布局，助力保障产业链供应链稳定和安全。（国家知识产权局牵头，教育部、科技部、工业和信息化部、中科院等按职责分工负责）

（十）提升知识产权转移转化效益。

提升创新主体知识产权管理效能。推动创新主体加强知识产权管理标准化体系建设，推动实施创新过程知识产权管理国际标准。推动中央企业建立完善知识产权工作体系，打造一批具备国际竞争优势的知识产权强企。深化实施中小企业知识产权战略推进工程。分级分类开展企业、高校、科研院所知识产权优势培育和建设工作。引导创新主体建立健全知识产权资产管理制度，推动企业做好知识产权会计信息披露工作。建立健全财政资助科研项目形成知识产权的声明制度和监管机制。（教育部、科技部、工业和信息化部、财政部、国务院国资委、税务总局、市场监管总局、中科院、国家知识产权局等按职责分工负责）

专栏8　中小企业知识产权战略推进工程

提升知识产权管理水平。鼓励有条件的中小企业实施企业知识产权管理规范国家标准，加大中小企业知识产权托管服务力度。

提升知识产权运用能力。开展工业企业知识产权运用试点工作，发挥知识产权运营平台和运营基金作用，促进中小企业知识产权转移转化，鼓励国有企业通过并购等方式支持中小企业知识产权转移转化，完善中小企业知识产权维权援助工作机制。

拓宽中小企业知识产权融资渠道。鼓励各类金融机构创新知识产权金融服务，丰富金融产品供给，加大中小企业知识产权质押融资支持力度，完善风险分担补偿机制。（工业和信息化部牵头，中央宣传部、人民银行、国务院国资委、市场监管总局、银保监会、证监会、国家知识产权局等按职责分工负责）

推动知识产权融入产业创新发展。培育专利密集型产业，探索开展专利密集型产品认定工作，指导地方制定专利密集型产业培育目录，健全专利密集型产业增加值核算与发布机制，加强专利密集型产业培育监测评价。实施商标品牌战略，加强驰名商标保护，提升品牌国际影响力。实施版权创新发展工程，打造版权产业集群，强化版权发展技术支撑。推动地方建立地理标志产品产值统计制度，健全地理标志产业发展利益联结机制，发挥龙头企业带动作用，吸引更多市场主体参与地理标志产业融合发展。完善绿色知识产权统计监测，推动绿色专利技术产业化，支撑产业绿色转型。（中央宣传部、农业农村部、市场监管总局、国家统计局、国家知识产权局等按职责分工负责）

专栏9　商标品牌建设工程

建立健全商标品牌推进工作体系。完善产品质量监督体系，健全监督信息交流共享机制，提升商标品牌质量。引导行业协会、高校、科研机构等服务商标品牌发展，对品牌质量进行研究、评价、监测。发展区域品牌，推动新型农业、先进制造业、现代服务业等产业集群品牌商标化。推动设立商标品牌指导站，强化商标品牌培育帮扶指导。

推动企业实施商标品牌战略。加强商标品牌资产管理，强化商标使用导向。支持开展商标海外布局，培育具有市场竞争力、国际影响力的知名商标品牌．支持开展中国国际商标品牌节等宣传活动，加强中国商标品牌的全球推广。（国家知识产权局牵头，工业和信息化部、农业农村部、市场监管总局等按职责分工负责）

专栏10　版权创新发展工程

构筑版权产业发展新优势。面向省、市、县及园区持续推进版权示范工作。建设国家版权创新发展基地。建立全国版权展会授权交易体系。持续推进文化文物单位文化创意产品开发试点工作。完善版权登记体制机制。优化资源配置，打造一批符合国家战略、反映产业和区域特点的优质版权产业集群。

推进版权交易、保护、服务一体化发展。拓宽版权作品国际合作与宣传渠道。打造一批精品广播电视和网络视听版权资源。推动中国优秀作品走出去、外国优秀作品引进来。推进版权保护技术、标准的研究和应用，加强各类作品价值评估、登记认证、质押融资等服务。探索在版权确权、用权、维权中引入区块链技术。（中央宣传部牵头，文化和旅游部、广电总局等按职责分工负责）

助力区域经济协调发展。优化央地合作会商机制，持续推动知识产权强省强市建设，面向省、市、县及园区深入开展知识产权强国建设试点示范工作，探索支撑创新发展的知识产权运行机制。强化区域间合作互助，促进东、中、西部和东北地区知识产权工作共同发展。鼓励地方探索构建符合区域发展需求的知识产权政策体系。推动京津冀高端知识产权服务业集聚发展。强化长三角区域一体化知识产权保护。推动粤港澳大湾区打造知识产权国际合作高地。推动成渝地区双城经济圈建立知识产权金融生态区。支持深圳建设中国特色社会主义先行示范区，打造保护知识产权标杆城市。支持香港建设区域知识产权贸易中心。加强涉农知识产权运用，助力乡村振兴。（国家知识产权局牵头，国家发展改革委、农业农村部、人民银行、国家林草局等按职责分工负责）

专栏11 知识产权助力乡村振兴工程

推进专利技术强农。开展专利信息帮扶，提升农业专利技术成果转化应用水平。

推进商标品牌富农。开展涉农产品商标品牌培育，遴选优质地理标志产品进行扶持，加强涉农品牌宣传。

推进地理标志兴农。开展地理标志助力乡村振兴行动，推动建设地理标志特色优势园区，实施农业生产“三品一标”提升行动，推进品种培优、品质提升、品牌打造和标准化生产，打造地理标志农产品引领乡村特色产业发展的县域样板。

推进新品种惠农。加强优秀植物新品种培育和产业化，促进农作物育种创新，加快培育具有自主知识产权的优良品种，培育和转化运用一批优质林草新品种。（农业农村部、市场监管总局、国家林草局、国家知识产权局等按职责分工负责）

五、构建便民利民知识产权服务体系，促进创新成果更好惠及人民

（十一）提高知识产权公共服务能力。

加快知识产权新型基础设施建设。依托全国一体化大数据中心体系，完善国家知识产权大数据中心和公共服务平台，提升知识产权公共服务智能化水平。推进地方知识产权公共服务平台和专题数据库建设，优先支持战略性新兴产业集群所在地建设知识产权公共服务平台，推动知识产权公共服务平台与行业、产业信息服务平台互联互通，提高知识产权公共服务可及性和普惠性。加强知识产权网络安全建设，健全网络安全综合防控体系，持续增强网络安全综合保障

能力。（国家知识产权局牵头，中央网信办、国家发展改革委、财政部等按职责分工负责）

专栏12　知识产权公共服务信息化智能化建设工程
建设国家知识产权大数据中心。汇聚全球专利、商标、地理标志、集成电路布图设计等知识产权数据，实现知识产权数据与经济、科技、产业等信息融合。利用机器学习、人工智能等技术，加强对知识产权注册登记、公布公告、纠纷调解、质押许可等信息的智能监测，进行创新态势分析等主题挖掘。提供智能数据服务，实现对各类知识产权数据的智能分析，为科学决策等提供数据支撑。 完善国家知识产权公共服务平台。对接全国一体化政务服务平台、国家“互联网+监管”系统，优化知识产权行政执法保护支撑、行政复议、知识产权注册簿登记簿应用、电子商务领域知识产权保护、知识产权代理监管、非正常申请监管、知识产权咨询等政务服务。面向社会公众提供专利、商标、地理标志、集成电路布图设计等一站式智能查询检索服务，实现知识产权公共服务便利化、集约化、高效化。（国家知识产权局牵头，中央网信办、国家发展改革委、财政部等按职责分工负责）

完善知识产权公共服务体系。完善知识产权公共服务网络，健全公共服务支持创新工作机制。推动公共服务骨干节点分级分类建设，省级公共服务机构实现全覆盖，地市级公共服务机构覆盖率力争达到50%，鼓励有条件的县（市、区）设立综合性公共服务机构。支持开展跨行政区域知识产权公共服务合作。优化知识产权公共服务网点布局，提升高校、科研机构、科技社团、公共图书馆、科技情报机构、产业园区生产力促进机构等知识产权信息公共服务能力。重点支持技术与创新支持中心、高校国家知识产权信息服务中心、国家知识产权信息公共服务网点有序发展。（国家知识产权局牵

头，教育部、科技部、工业和信息化部、文化和旅游部、中科院、中国科协等按职责分工负责）

提高知识产权公共服务供给水平。加强知识产权数据标准制定，提高数据质量，维护数据安全，完善知识产权基础数据资源管理和服务规范。加强知识产权信息传播利用，加大知识产权基础数据开放力度，促进数据资源共享。完善知识产权信息利用相关规范，开展知识产权信息利用研究分析和发布。积极参与国际知识产权数据标准制定，加强国际知识产权数据交换。加大政府购买服务力度，创新公共服务形式，丰富公共服务产品供给。加强知识产权公共服务规范化、标准化建设，明晰知识产权公共服务事项和范围，建立知识产权公共服务清单制度。（国家知识产权局负责）

（十二）促进知识产权服务业健康发展。

培育发展知识产权服务业。引导知识产权代理、法律、信息、咨询、运营服务向专业化和高水平发展，拓展知识产权投融资、保险、资产评估等增值服务，促进知识产权服务业新业态新模式发展。加快制定实施知识产权服务业基础标准、支撑标准、产品标准、质量标准。深入实施专利代理机构执业许可审批告知承诺改革。引导国际高水平知识产权服务机构依规在华设立常驻代表机构。开展品牌价值提升行动，培育一批国际化、市场化、专业化知识产权服务机构。建设国家知识产权服务出口基地。全国执业专利代理师达到 4 万人。完善知识产权服务业统计制度。支持知识产权服务行业

协会组织开展公益代理和维权援助。（国家知识产权局牵头，中央宣传部、司法部、商务部、国家统计局等按职责分工负责）

促进知识产权服务业与区域产业融合发展。聚焦重点区域、重点产业需求，优化知识产权服务业集聚区建设，引导知识产权服务链上下游优势互补、多业态协同发展。建立知识产权服务对接重点产业、重大项目工作机制，重点提供专利导航等高端服务。鼓励知识产权服务机构为创新主体提供全链条、专业化知识产权服务，支持企业创新发展和产业转型升级。（国家知识产权局牵头，工业和信息化部等按职责分工负责）

加强知识产权服务业监管。规范计划制定、名单抽取、结果公示、数据存档等各项抽查检查工作程序，实现“双随机、一公开”监管全覆盖。建立知识产权服务业监管长效机制。健全跨部门、跨区域协同监管机制。完善年度报告、经营异常名录、严重失信主体名单制度，开展信用评价并推广应用评价结果。建立知识产权服务业质量监测机制，利用新技术手段快速精准发现违法违规行为线索，提升监管效能。充分发挥知识产权服务行业协会作用，加大行业自律惩戒力度。建设知识产权服务业评价系统，及时公开服务机构和从业人员评价数据。（国家知识产权局负责）

六、推进知识产权国际合作，服务开放型经济发展

（十三）主动参与知识产权全球治理。

积极参与完善知识产权国际规则体系。加强与世界知识

产权组织的合作磋商，推动完善知识产权及相关国际贸易、国际投资等国际规则和标准。积极参与遗传资源、传统知识、民间文艺、非物质文化遗产、广播组织等方面的知识产权国际规则制定。积极研究和参与数字领域等新领域新业态知识产权国际规则和标准的制定。（中央宣传部、外交部、商务部、文化和旅游部、国家知识产权局等按职责分工负责）

积极推进与经贸相关的多双边知识产权谈判。妥善应对国际知识产权争端，加强与主要贸易伙伴的知识产权合作磋商。在相关谈判中合理设置知识产权议题。深入参与世界贸易组织有关知识产权谈判。积极推进同其他国家和地区自贸协定知识产权议题谈判。研究推动与更多国家和地区开展地理标志协定谈判。（中央宣传部、外交部、商务部、国家知识产权局等按职责分工负责）

（十四）提升知识产权国际合作水平。

加强知识产权国际合作机制建设。巩固和完善"一带一路"知识产权合作，充分利用"一带一路"知识产权合作平台，扩大合作项目规模和储备。深度参与金砖国家、中美欧日韩、中日韩、中国—东盟等小多边知识产权合作，加强与各方政策和业务规则交流，支持产业界积极参与相关合作机制。完善跨境司法协作安排，加强防范打击侵犯知识产权犯罪国际合作。（中央宣传部、最高人民法院、最高人民检察院、外交部、公安部、商务部、海关总署、国家知识产权局等按职责分工负责）

专栏 13　“一带一路”知识产权合作工程
加强“一带一路”知识产权合作机制建设。打造共建“一带一路”国家和地区知识产权高层次合作平台。将知识产权合作同“数字丝绸之路”、“创新丝绸之路”等建设协调推进。推进知识产权信息、数据资源等领域合作。 强化知识产权能力提升项目实施。向共建“一带一路”国家和地区提供专利检索、审查、培训等多样化服务。开展面向共建“一带一路”国家和地区的知识产权培训。（国家知识产权局牵头，外交部、商务部、国际发展合作署等按职责分工负责）

优化知识产权国际合作环境。深化与国际和地区组织、重点国家和地区的知识产权合作，完善合作布局。加强面向周边和发展中国家的知识产权培训，支持发展中国家知识产权能力建设。加强药物及新冠病毒疫苗研发等重点领域的知识产权国际合作。与贸易对象国建立企业知识产权事务沟通协调机制。（中央宣传部、外交部、工业和信息化部、商务部、国家卫生健康委、市场监管总局、国际发展合作署、国家药监局、国家知识产权局、中国贸促会等按职责分工负责）

（十五）加强知识产权保护国际合作。

便利知识产权海外获权。强化知识产权审查业务合作，拓展“专利审查高速路”国际合作网络，重点推动相关国家共享专利、植物新品种等审查结果。引导创新主体合理利用世界知识产权组织全球服务体系等渠道，提高海外知识产权布局效率。（国家知识产权局牵头，中央宣传部、农业农村部、国家林草局等按职责分工负责）

加强知识产权海外维权援助。建立国际知识产权风险预警和应急机制，建设知识产权涉外风险防控体系。建立国际趋势跟踪研究基地，加强对商业秘密保护、互联网企业走出去等重点前沿问题的研究。提升海外知识产权信息服务能力，建立健全国外展会知识产权服务站工作机制。鼓励保险机构开展知识产权海外侵权保险业务。积极发挥贸易投资促进机构作用，不断加强知识产权海外服务保障工作。（中央宣传部、商务部、市场监管总局、银保监会、国家知识产权局、中国贸促会等按职责分工负责）

专栏 14　对外贸易知识产权保护工程

加强海外知识产权纠纷应对指导体系建设。建立与知识产权有关的贸易对象国调查报告机制。拓展打击知识产权侵权犯罪国际执法协作渠道，开展重大案件跨国联合执法行动。建立海关跨境合作机制，加强知识产权海关执法信息情报交换共享。

提升海外知识产权风险防范能力。制定跨境电商知识产权保护指南，引导跨境电商平台防范进出口贸易中的知识产权风险，有效支持跨境电商平台企业国际化发展。加强对海外知识产权制度环境的研究，编制发布重点国家知识产权保护国别指南。（中央宣传部、中央网信办、最高人民检察院、公安部、商务部、海关总署、国家知识产权局等按职责分工负责）

七、推进知识产权人才和文化建设，夯实事业发展基础

（十六）加强知识产权人才队伍建设。

优化知识产权人才发展环境。推进知识产权学科建设，

支持学位授权自主审核单位依程序设置知识产权一级学科点，支持有关单位依程序设置知识产权二级学科点，研究设置知识产权硕士专业学位。推动知识产权相关专业升级和数字化改造，开发一批知识产权精品课程。鼓励支持有条件的理工科高校开设知识产权相关专业和课程。设立一批国家知识产权人才培养基地。做好知识产权职称制度改革实施工作，完善知识产权人才评价体系。（教育部、人力资源社会保障部、国家知识产权局等按职责分工负责）

提升知识产权人才能力水平。完善知识产权人才分类培训体系，健全人才保障机制。加强知识产权理论研究，完善知识产权研究管理机制，强化智库建设，鼓励地方开展政策研究。加强知识产权行政管理、行政执法、行政裁决人员培养，分层次分区域持续开展轮训。加强企事业单位知识产权人才培养，建设理论与实务联训基地。建立知识产权服务业人才培训体系，提高服务业人才专业能力。大力培养知识产权国际化人才。（国家知识产权局牵头，中央宣传部、市场监管总局等按职责分工负责）

（十七）加强知识产权文化建设。

构建知识产权大宣传格局。围绕知识产权强国建设，统筹传统媒体与新兴媒体，用好融媒体，健全知识产权新闻发布制度。建立健全政府活动宣传、媒体传播报道、学界文章影响、国际文化交流相互促进的知识产权传播大矩阵。持续做好全国知识产权宣传周、中国知识产权年会等品牌宣传活动。讲好中国知识产权故事，展示文明大国、负责任大国形象。（国家知识产权局牵头，中央宣传部、中央网信办、广电总局等按职责分工负责）

专栏15　知识产权普及教育工程

推动知识产权普及教育进校园。支持大中小学开展知识产权基础性普及教育。鼓励知识产权专家进校园，促进知识产权教育与学校创新实践活动相融合，持续推进全国中小学知识产权教育工作和全国大学生版权征文活动。推动技工院校普及知识产权教育，将知识产权普及教育作为全国专业技术人员继续教育的重要内容。

推动知识产权进干部培训课堂。优化知识产权课程设置，加强对党政领导干部和国有企业负责人的知识产权宣传培训。（国家知识产权局牵头，中央组织部、中央宣传部、教育部、人力资源社会保障部、中国科协等按职责分工负责）

厚植知识产权文化理念。增强全社会尊重和保护知识产权的意识，推动知识产权文化与法治文化、传统文化、创新文化、诚信文化深度融合。大力宣传锐意创新和诚信经营的典型企业，引导企业自觉履行尊重和保护知识产权的社会责任。开展贴近时代、贴近百姓、贴近生活的知识产权文化惠民活动。加强知识产权文化基础设施建设。探索建立"互联网＋"知识产权保护云博物馆。加大对中西部地区知识产权文化建设投入。开展知识产权文化建设理论和学术研究，以文化为媒，提升文化软实力。（国家知识产权局牵头，中央宣传部、司法部、文化和旅游部等按职责分工负责）

八、实施保障

（十八）加强组织领导。

坚持党对知识产权工作的全面领导，充分发挥国务院知识产权战略实施工作部际联席会议作用，完善工作机制，形成工作合力，确保党中央、国务院关于知识产权工作的各项决策部署落到实处。各地区、各有关部门要强化责任意识，密切协调配合，结合实际进一步明确工作重点，落实好本规划部署的各项任务措施。国家知识产权局要加强组织协调，明确责任分工，细化目标任务，加强宣传解读，制定年度推进计划，确保规划有序推进。相关社会组织和行业协会要积极参与规划实施，主动作为，发挥作用。（国家知识产权局牵头，有关部门与地方各级人民政府按职责分工负责）

（十九）鼓励探索创新。

各地要发扬基层首创精神，针对规划实施中的痛点、难点问题，主动作为、创新思路，积极探索积累务实管用、科学精准的具体举措，不断丰富完善有关政策措施。各有关部门要营造有利环境，支持有条件的地区先行先试。（地方各级人民政府与有关部门按职责分工负责）

（二十）加大投入力度。

完善多渠道投入机制，推进规划重大工程项目落地，促进规划有效实施。加强对知识产权工作的政策和资源支持。鼓励社会资本积极参与，创新投入模式和机制，充分发挥市场在资源配置中的决定性作用。（有关部门与地方各级人民政府按职责分工负责）

（二十一）狠抓工作落实。

国家知识产权局会同有关部门加强对规划实施情况的跟踪监测，通过第三方评估等形式开展规划实施的中期评估、总结评估，总结推广典型经验做法，发现规划实施中存在的问题并研究解决对策。强化监督检查，确保任务落实，重要情况及时报告国务院。（国家知识产权局牵头，有关部门按职责分工负责）

奋力开创“十四五”知识产权事业发展新局面

申长雨
国家知识产权局局长

习近平总书记在主持中共中央政治局第二十五次集体学习时指出，要研究制定“十四五”时期国家知识产权保护和运用规划，明确目标、任务、举措和实施蓝图，为制定知识产权领域的“十四五”规划指明了方向，提供了根本遵循。国务院常务会议多次研究知识产权工作，作出重要部署。《中华人民共和国国民经济和社会发展第十四个五年规划和2035年远景目标纲要》（以下简称国家规划纲要），对知识产权工作提出具体要求。“十四五”时期是我国顺利完成《国家知识产权战略纲要》和“十三五”知识产权规划各项目标任务后，乘势而上全面开启知识产权强国建设新征程的第一个五年，我们要坚决贯彻习近平总书记重要指示精神和党中央、国务院决策部署，落实《知识产权强国建设纲要（2021—2035年）》（以下简称知识产权强国建设纲要）的任务要求，深入实施《“十四五”国家知识产权保护和运用规划》（以下简称“十四五"知识产权规划)，奋力开创知识产权事业发展新局面。

一、深刻认识"十四五"知识产权规划的重大意义

继"十三五"知识产权规划之后，"十四五"知识产权规划再次作为国家专项规划予以印发实施，充分体现了党中央、国务院对知识产权工作的高度重视与殷切期望。要深刻认识实施好"十四五"知识产权规划的重大意义，切实把思想和行动统一到中央精神上来，不折不扣抓好贯彻落实。

"十四五"知识产权规划是贯彻落实习近平总书记关于知识产权工作重要指示和党中央、国务院决策部署的重大举措。习近平总书记指出，创新是引领发展的第一动力，保护知识产权就是保护创新。知识产权保护工作关系国家治理体系和治理能力现代化，关系高质量发展，关系人民生活幸福，关系国家对外开放大局，关系国家安全。制定和实施"十四五"知识产权规划，是知识产权领域贯彻落实习近平新时代中国特色社会主义思想的实际行动，也是确保党中央、国务院关于知识产权工作决策部署贯彻落实的重要抓手。

"十四五"知识产权规划是更好支撑国家经济社会发展的重大举措。全面建设社会主义现代化国家，必须更好推进知识产权保护工作，促进建设现代化经济体系，激发全社会创新活力，推动构建新发展格局。"十四五"知识产权规划按照高质量发展要求，自觉融入国家经济社会发展大局，瞄准全面建设社会主义现代化国家目标，科学谋划未来五年知识产

权工作，目的是更好保护和激励创新，更好塑造良好营商环境，更好推动建设高标准市场体系，更好发展更高层次的开放型经济，全力支撑构建以国内大循环为主体、国内国际双循环相互促进的新发展格局。

“十四五”知识产权规划是在更高起点上推动知识产权事业高质量发展的重大举措。“十三五”时期的实践经验表明，制定和实施国家知识产权规划，是实现我国知识产权事业大发展、大跨越和大提升的重要手段。“十四五”知识产权规划作为支撑知识产权强国建设纲要实施的第一个五年规划，对于推动知识产权强国建设开好局、起好步，在更高起点上推动知识产权事业稳中求进、高质量发展具有重大意义。

二、准确把握“十四五”知识产权规划的总体要求

“十四五”知识产权规划深入研判我国知识产权事业发展面临的新形势、新挑战、新任务，提出了“十四五”时期知识产权事业发展的总体要求。

一是指导思想。“十四五”知识产权规划坚持以习近平新时代中国特色社会主义思想为指导，坚持稳中求进工作总基调，从国家战略高度和进入新发展阶段要求出发，提出了推动高质量发展的主题和全面加强知识产权保护的主线。规划指导思想立足新发展阶段，贯彻新发展理念，凝练出以知识产权事业高质量发展支撑经济社会高质量发展的总体思路，明确了“十四五”时期知识产权事业发展的根本方向。

二是基本原则。“十四五”知识产权规划从促进知识产权质量提升、加强知识产权全链条保护、提高知识产权对外开放水平和增强知识产权领域系统治理能力等方面出发，把握知识产权制度规律和工作特点，提出了坚持质量优先、强化保护、开放合作、系统协同等基本原则。规划基本原则紧扣经济社会发展大局，立足我国知识产权发展现状，必须切实把握，认真落实。

三是主要目标。“十四五”知识产权规划明确了知识产权保护迈上新台阶、知识产权运用取得新成效、知识产权服务达到新水平、知识产权国际合作取得新突破等主要目标，设立了“每万人口高价值发明专利拥有量”等八项主要指标。规划主要目标指标与国家规划纲要、知识产权强国建设纲要对知识产权工作的任务部署充分衔接，体现了新发展阶段知识产权工作的新要求，明确了“十四五”时期知识产权事业发展的新目标。

三、奋力开创“十四五”知识产权事业发展新局面

“十四五”知识产权规划深入贯彻习近平总书记重要指示精神和党中央、国务院决策部署，统筹安排了 5 个方面 14 项重点任务 15 个专项工程，通过解决知识产权领域存在的突出重点难点问题，着力提高知识产权领域治理能力和治理水平，加快推动知识产权事业高质量发展。

一是坚持保护知识产权就是保护创新的理念，全面加强

知识产权保护。提高知识产权工作法治化水平，完善知识产权法律政策体系，统筹推进专利法、商标法、著作权法、反垄断法、科学技术进步法、电子商务法等法律法规的修改完善，健全新领域新业态知识产权保护制度。加强知识产权源头保护，健全高质量创造支持政策，提高知识产权审查质量和审查效率，强化知识产权申请注册质量监管，有效促进知识产权高质量创造。统筹推进知识产权司法保护、行政保护和社会协同保护，促进审查授权标准、行政执法标准和司法裁判标准有机统一，充分发挥知识产权制度激励创新的基本保障作用，更好支撑创新驱动发展。

二是坚持服务现代化经济体系建设的目标，不断提高知识产权转移转化成效。完善知识产权转移转化体制机制，推进国有知识产权权益分配改革，优化知识产权运营服务体系，促进产业知识产权协同运用，进一步畅通转移转化渠道。提高创新主体知识产权管理效能，推动知识产权融入产业体系，大力培育专利密集型产业，实施商标品牌建设工程，推动版权产业创新发展，有效提升知识产权转移转化效益，充分发挥知识产权转移转化促进实体经济高质量发展的作用。

三是坚持以人民为中心的发展思想，大力提升知识产权服务水平。提高知识产权公共服务能力，完善知识产权公共服务体系，推动知识产权公共服务标准化，加强知识产权信息化、智能化基础设施建设，加强知识产权信息传播利用，显著提高知识产权公共服务供给。促进知识产权服务业健康发展，引导知识产权代理、法律、信息、咨询、运营服务向专业化和高水平发展，培育一批具有国际影响力的知识产权服务机构，促进知识产权服务业与区域产业融合发展，进一步促进创新成果更好惠及人民。

四是坚持人类命运共同体理念，全方位加强知识产权国际合作。主动参与全球知识产权治理，积极参与知识产权国际规则体系完善，积极研究和参与数字领域等新领域新业态知识产权国际规则和标准制定。提升知识产权国际合作水平，加强知识产权国际合作机制建设，推进“一带一路”知识产权合作，支持发展中国家知识产权能力建设。加强知识产权保护国际合作，便利我国市场主体知识产权海外获权，加强知识产权海外维权援助工作，强化对外贸易知识产权保护。推动知识产权更大范围、更宽领域、更深层次对外开放，服务开放型经济发展。

五是坚持固本强基的工作思路，持续推进知识产权人才文化建设。加强知识产权人才队伍建设，完善知识产权人才评价体系，优化知识产权人才发展环境，加大知识产权人才培养力度，提升知识产权人才能力水平，大力培养知识产权国际化人才，筑牢知识产权事业发展之基。加强知识产权文化建设，强化宣传教育和公益培训，构建知识产权大宣传格局，实施知识产权普及教育工程，传播知识产权文化理念，增强全社会尊重和保护知识产权的意识，推动形成良好知识产权生态。

蓝图已经绘就，奋进正当其时。站在新的历史起点上，我们要更加紧密地团结在以习近平同志为核心的党中央周围，坚持以习近平新时代中国特色社会主义思想为指导，增强“四个意识”、坚定“四个自信”、做到“两个维护”，走好中国特色知识产权发展之路，不断增强新形势下做好知识产权工作的本领，奋力开创“十四五”知识产权事业发展新局面，为全面建设社会主义现代化国家提供更加有力的支撑。

贯彻落实“十四五”国家规划纲要任务要求　扎实推进知识产权保护和运用规划实施

甘绍宁
国家知识产权局副局长

《“十四五”国家知识产权保护和运用规划》（以下简称“十四五”知识产权规划）以国家专项规划的形式印发，是《中华人民共和国国民经济和社会发展第十四个五年规划和2035年远景目标纲要》（以下简称国家规划纲要）对知识产权工作要求的落实和细化。围绕国家规划纲要在知识产权领域作出的任务部署，“十四五”知识产权规划对“十四五”时期知识产权事业发展进行科学谋划，对加快推进知识产权强国建设、支撑经济社会高质量发展意义重大。我们要发挥好“十四五”知识产权规划在国家规划体系中的重要作用，把握好国家规划纲要对知识产权工作的任务要求，扎实推进规划落地实施。

一、发挥好“十四五”知识产权规划的重要作用

《中共中央 国务院关于统一规划体系 更好发挥国家发展规划战略导向作用的意见》提出要建立以国家发展规划为统领，以专项规划为支撑，定位准确、边界清晰、功能互补、统一衔接的国家规划体系。“十四五”知识产权规划作为国家规划体系的重要组成部分，对支撑国家规划纲要实施、引导地方知识产权规划实施、促进相关国家专项规划实施都具有重要作用。

发挥好“十四五”知识产权规划对国家规划纲要实施的支撑作用。国家专项规划要围绕国家发展规划在特定领域提出的重点任务，制定细化落实的时间表和路线图，提高针对性和可操作性。通过制定和实施“十四五”知识产权规划，指导知识产权事业发展，将国家规划纲要关于知识产权领域的各项任务落到实处，能够有效支撑国家规划纲要的实施，更好推动知识产权事业深度融入国家改革发展大局。

发挥好“十四五”知识产权规划对地方知识产权规划实施的导向作用。“十四五”知识产权规划需要地方知识产权规划的任务部署来实现地方工作的细化和深化。“十四五”知识产权规划从知识产权高质量发展支撑经济社会高质量发展的角度出发，引导地方将“十四五”时期知识产权的发展思路、发展指标、政策措施、重大工程等内容在地方知识产权规划实施中有效体现，能够推动形成知识产权规划工作全国“一

盘棋"的良好局面。

发挥好"十四五"知识产权规划对其他国家专项规划实施的促进作用。知识产权工作涉及范围广、部门多、领域宽，20余项国家专项规划均涉及知识产权内容。通过制定实施"十四五"知识产权规划，能够有效推动相关国家专项规划更好落实国家规划纲要对知识产权工作的任务部署，能够有效促进相关国家专项规划涉及知识产权的重大政策、重大工程、重大改革的落地实施，有助于形成协调一致、同向发力的良好局面。

二、把握好国家规划纲要对知识产权工作的任务要求

国家规划纲要将"每万人口高价值发明专利拥有量"作为创新驱动类的重要评价指标列入主要指标表，将"健全知识产权保护运用体制"作为单独一节列入创新驱动发展篇，这是国家历次规划纲要中对知识产权工作部署力度最大的一次。要深刻把握国家规划纲要对知识产权工作提出的新目标、新部署和新要求。

国家规划纲要对知识产权事业高质量发展提出新目标。科技创新是推动高质量发展、建设现代化强国的战略支撑，国家规划纲要将知识产权作为国家创新驱动发展中的重点任务进行部署，明确了促进知识产权高质量创造和高效益运用，推动知识产权事业高质量发展的新目标，凸显了"十四五"

时期知识产权事业高质量发展的主题，体现了知识产权保护激发全社会创新热情，为创新成果有效转化提供制度保障的重要性。

国家规划纲要对知识产权工作提出新部署。在加强知识产权工作顶层设计方面，国家规划纲要提出实施知识产权强国战略，确保知识产权事业各项工作有序推进。在提高知识产权法治化水平方面，国家规划纲要提出完善知识产权相关法律法规，加快新领域新业态知识产权立法，为知识产权事业发展提供重要法律保障。在强化知识产权保护方面，国家规划纲要提出实行严格的知识产权保护制度，加强知识产权司法保护和行政执法，健全知识产权侵权惩罚性赔偿制度，积极营造公平竞争的市场环境。在促进知识产权转移转化方面，国家规划纲要提出改革国有知识产权归属和权益分配机制，培育专利密集型产业，鼓励金融机构发展知识产权质押融资，有效提升知识产权运用效益。

国家规划纲要对知识产权规划实施提出新要求。国家规划纲要提出要坚持系统观念，更好发挥中央、地方和各方面积极性，实现发展质量、结构、规模、速度、效益、安全相统一，这对“十四五”知识产权规划的实施提出了要求，既要注重纵向上央地共同参与和社会共治，也要注重横向上多种类型知识产权协同发展，通过畅通知识产权创造、运用、保护、管理和服务全链条，使知识产权深度融入现代化经济体系建设。同时，国家规划纲要提出要加强规划实施保障，这对“十四五”知识产权规划充分发挥工程项目的抓手作用，确保重大政策、重大工程和重大项目落地实施提出了要求。

三、落实好"十四五"知识产权规划任务部署

"一分部署，九分落实"，要充分发挥"十四五"知识产权规划作为国家专项规划落实国家部署、统筹各方力量、强化政策协同的作用，以系统观念推进规划的实施，高标准、高质量落实国家规划纲要的任务部署，为立足新发展阶段、贯彻新发展理念、构建新发展格局、推动高质量发展提供有力保障。

持续健全规划实施机制。充分利用国务院知识产权战略实施工作部际联席会议机制，制定好"十四五"知识产权规划年度推进计划和地方工作要点，通过完善知识产权规划联系人机制、召开知识产权规划工作会议、组织全国知识产权规划培训班等方式，畅通沟通交流渠道，加强与部委和地方的联系，有效推动规划的实施。持续完善规划规章制度，进一步完善《国家知识产权局规划管理办法》，明确规划管理职责，规范规划实施程序，强化实施保障和监督评估，为促进规划高效实施提供制度保障。

持续强化规划实施衔接。通过强化政策协同，确保各级规划步调一致，形成同频共振的良好局面。加强"十四五"知识产权规划和相关国家专项规划的衔接，在"十四五"知识产权规划实施的过程中推动其他领域规划涉及知识产权工作的任务目标有效落实。加强"十四五"知识产权规划和地

方知识产权规划的衔接，明确衔接原则和重点，及时沟通规划实施进展相关情况。加强“十四五”知识产权规划与知识产权各分项规划的衔接，统筹推进各分项规划的制定与实施，落实好“十四五”知识产权规划的任务目标，构建形成机制完善、衔接紧密、评价科学的知识产权规划体系。

持续加强规划实施评价。加强“每万人口高价值发明专利拥有量”等主要规划指标的统计分析和监测，优化统计信息公开内容，取消各类知识产权数量排名的发布，突出高质量导向，避免“唯数量论英雄”。加强“十四五”知识产权规划实施监测，完善监测体系架构，明确监测运行机制，提升监测科学性和准确性。完善“十四五”知识产权规划实施状况分析反馈工作机制，做好规划实施的中期评估和总结评估，总结推广典型经验做法，及时将发现的问题反馈给相关部门和地方，通过部门协调联动、央地协同配合，切实形成工作合力，确保“十四五”知识产权规划任务有序推进。

下一步，要深入领会习近平总书记对知识产权工作的重要指示，坚决贯彻党中央、国务院决策部署，牢牢把握“两个大局”，落实好国家规划纲要的各项任务部署，认真实施好“十四五”知识产权规划，加快建设知识产权强国，推动知识产权事业高质量发展，有力支撑经济社会高质量发展。

增强全社会尊重和保护知识产权意识 营造知识产权事业发展良好氛围

胡文辉

国家知识产权局专利局副局长兼

知识产权局办公室主任

知识产权文化是知识产权制度的积淀和升华，也是保障知识产权制度有效实施的重要基础。党的十八大以来，党中央、国务院对加强知识产权文化建设作出一系列重要部署。2013 年，知识产权局、教育部、文化部等 6 部委联合印发《关于加强知识产权文化建设的若干意见》，首次描绘了建设有中国特色社会主义知识产权文化体系的蓝图。2015 年，国务院印发《关于新形势下加快知识产权强国建设的若干意见》，提出要加强知识产权文化建设，加大宣传力度，广泛开展知识产权普及型教育，提高全社会知识产权意识，为加快建设知识产权强国营造良好氛围。2016 年，国务院印发《“十三五”国家知识产权保护和运用规划》，将加强知识产权文化建设列为四个重大专项之一，明确多项重点任务，促进知识产权文化建设进一步落到实处。

一、“十三五”时期知识产权文化建设成果丰硕

“十三五”时期，国家知识产权局坚决贯彻党中央、国务院的决策部署，积极构建“大宣传”工作格局，着力培育知识产权文化土壤，全面推进《“十三五”国家知识产权保护和运用规划》中知识产权文化建设各项工作落实，取得丰硕成果。

一是新闻宣传水平大幅提升。紧扣改革开放40周年、中华人民共和国成立70周年等重大主题，全面展示知识产权事业发展成就，获得国内外社会各界积极评价。知识产权新闻宣传工作制度进一步完善，舆论引导能力显著增强，知识产权热点问题得到及时有效回应。二是主题文化活动形成品牌。组织开展全国知识产权宣传周、中国知识产权年会、中国国际商标品牌节等年度大型活动，实现知识产权主题宣传线上线下全覆盖，打造了一系列具有广泛影响力的知识产权文化活动品牌，知识产权宣传效能极大提升。三是媒体融合发展成效显著。统筹知识产权领域传统媒体与新媒体协调发展，积极推进知识产权政务新媒体建设，重视发挥新媒体传播优势，形成“一报四刊”“两网两微一抖”知识产权传播矩阵，为进一步构建联通中外的知识产权传播体系打下坚实基础。四是知识产权普及教育深入推进。开展全国中小学知识产权教育试点示范工作，评定试点示范学校165所，27个省（区、市）开展省级试点示范工作，评定省级试点示范学校超1400

所，近200万名中小学生接受了系统的知识产权教育。五是优秀文化作品不断涌现。鼓励支持知识产权题材优秀作品创作，《中国专利》《国之利器》《一项兴国利民的国家战略》等优秀影视作品，以及《郑成思知识产权文集》等具有影响力的知识产权主题书籍相继推出，全面展现知识产权在促进科技进步、支撑社会经济发展方面的重要作用。引导支持全社会参与知识产权理论和实践研究，形成多部知识产权优秀调查研究报告集，为知识产权强国建设提供有价值的决策参考和智力支撑。

五年来，通过持续的知识产权宣传和文化推广，社会公众知识产权意识持续提升，尊重和保护知识产权的社会风尚逐步形成。国务院知识产权战略实施工作部际联席会议办公室于2019年发布的《国家知识产权战略实施十年评估报告》显示，超过六成的公众认为知识产权与自己的生活紧密相关，相比五年前提升22.7%；九成以上的公众了解知识产权相关知识并支持保护知识产权。知识产权教育试点示范学校中，高达87%的学生认同知识产权促进创新的价值。国际社会对我国中小学知识产权教育工作给予高度评价，将中国列为知识产权教育先进国家，评价中国的知识产权教育"开展最晚，但发展最快"。由我国发起的"提升社会公众知识产权意识"项目成为多个知识产权多双边国际合作中的重要议题，有力促进了相关国家和地区的知识产权文化交流。

二、“十四五”时期知识产权文化建设面临的形势

习近平总书记在主持中共中央政治局第二十五次集体学习时指出，我国知识产权事业不断发展，走出了一条中国特色知识产权发展之路，知识产权保护工作取得了历史性成就，全社会尊重和保护知识产权意识明显提升。这既对我国知识产权文化建设工作作出充分肯定，也对新时代知识产权文化发展提出更高要求。习近平总书记强调，要加强知识产权保护宣传教育，增强全社会尊重和保护知识产权的意识。这为新时代建设以“尊重知识、崇尚创新、诚信守法、公平竞争”为核心理念的知识产权文化体系指明了方向。

知识产权文化发展需要贯彻高质量发展的高要求。党的十八大以来，党中央、国务院对知识产权服务经济社会高质量发展，助力“两个一百年”奋斗目标实现给予了更多期待。“知识产权保护工作关系国家治理体系和治理能力现代化，关系高质量发展，关系人民生活幸福，关系国家对外开放大局，关系国家安全。”习近平总书记对于加强知识产权保护“五个关系”的重要论述，为新时代全面加强知识产权保护提供了行动指南和根本遵循，对知识产权事业高质量发展提出了更高要求。

知识产权文化发展迎来前所未有之大机遇。“十四五”时期，我国将进入加快推进从知识产权大国向知识产权强国转变的关键时期，知识产权文化发展应该紧扣时代脉搏，有力

推动有中国特色的知识产权文化繁荣兴盛，支撑加快知识产权强国建设，助力营造良好营商环境和创新环境，切实维护社会公平正义和权利人合法权益。

知识产权文化发展面临复杂环境的大挑战。在国内，知识产权治理体系和治理能力现代化变革正在推进，不同地区间知识产权发展不平衡的现象客观存在。非正常专利申请、商标恶意抢注等行为仍时有发生，侵权假冒现象需要持续严厉打击，全社会尊重和保护知识产权的意识仍待增强。全国24万余所中小学、2600余所高等教育学校中，开展知识产权相关教育的学校占比仍然较低，知识产权教育普及、专业人才培养等相关工作任重道远。国际上，知识产权成为全球化发展过程中的重点、焦点议题。在全球政治经济形势深刻复杂变化的大背景下，面对世界百年未有之大变局，如何提升我国知识产权国际影响力、赢得与我国知识产权事业发展水平相匹配的国际话语权，是我国知识产权文化建设亟需解决的重要课题。

三、"十四五"时期知识产权文化建设重点任务

《"十四五"国家知识产权保护和运用规划》（以下简称"十四五"知识产权规划）从构建知识产权大宣传格局、厚植知识产权文化理念两个方面对知识产权文化建设作出重要部署，并将"知识产权普及教育工程"作为15个专项工程之一，为进一步加强新时代我国知识产权文化建设、繁荣中国

特色社会主义知识产权文化规划了路径。

（一）工作思路

“十四五”时期，我国知识产权文化建设将以厚植文化理念、提升文化软实力、展现良好国际形象为总体目标，加强知识产权宣传教育和公益培训，增强全社会尊重和保护知识产权的意识。到“十四五”期末，进一步促进“尊重知识、崇尚创新、诚信守法、公平竞争”知识产权文化核心观念深入人心，使知识产权文化成为创新文化的核心要义之一，融入时代精神，大幅提升我国知识产权文化软实力，从知识产权的角度全面展现我国文明大国、负责任大国形象。

一是广泛培育知识产权价值观念。建立政府引导、公众参与的工作机制，积极通过组织宣传报道、教育培训、学术研讨、文艺创作等多方面工作，加强价值观念传播，培育良好知识产权文化环境，提升公众知识产权保护意识，引导公众广泛树立知识产权价值观念。

二是形成推动创新发展的文化环境。优化有利于践行知识产权文化核心观念的法制体系、政策体系和诚信体系，形成公众自觉尊重和维护知识产权的行为习惯，加大对侵权行为的惩处力度，有效激发全社会的创新热情和创造活力。

三是着力提升知识产权领域国家影响力。加强我国知识产权国际传播能力建设，讲好中国知识产权故事，传播好中国知识产权声音，展示真实、立体、全面的中国知识产权形象。积极参与知识产权人文交流，深化与共建“一带一路”

国家和地区的知识产权文化交流，倡导知识共享，促进共同发展。

（二）重点任务

一是着力构建知识产权大宣传格局。继续深入学习贯彻习近平新时代中国特色社会主义思想，围绕习近平总书记关于知识产权工作的重要指示论述和党中央、国务院关于知识产权工作的决策部署，紧扣知识产权中心工作，强化宣传策划，做好政策解读。继续组织全国知识产权宣传周、中国知识产权年会、中国国际商标品牌节等重大活动，不断提升我国知识产权品牌活动的影响力和国际化程度。突出媒体融合发展技术优势，通过打造覆盖境内外的全媒体平台新闻传播矩阵，及时回应国内外关注的知识产权热点议题。加强知识产权国际传播渠道建设，综合运用新闻宣传、学术研讨、人文交流等多种形式，广泛宣介知识产权事业发展的中国主张、中国方案。

二是开展分众化知识产权普及教育。针对大中小学生、创新主体、普通公众等不同群体，有针对性地开展分众化普及宣传教育。在学校教育方面，推动将知识产权有关内容与科学、法律、德育、艺术等基础教育课程深度融合，继续深入推进在全国中小学校中开展形式多样的知识产权教育工作。支持有条件的高校设置知识产权学院、专业，推进知识产权学历教育和继续教育。通过学校教育促进知识产权文化与法治文化、创新文化深度融合，进一步形成"教育一个学生，带动一个家庭，影响整个社会”的浓厚知识产权文化氛围。在宣传普及方面，大力推动知识产权进干部培训课堂，提升党政领导干部知识产权保护意识，推进各级政府知识产权治理体系与治理能力现代化。积极做好境内外知识产权政策解读、案例报道，为不同创新主体提供丰富的政策资讯。加大知识产权优秀文化作品支持与供给力度，以公众喜闻乐见的方式推进知识产权文化的社会普及，提升公众对加强知识产权保护理念的认同与重视。

三是调动社会资源参与文化建设。积极促进我国知识产权文化的宣传普及机制由“政府主导”型向“政府引导、社会参与”型转变。通过政务服务平台等加强与公众的交流，真正让知识产权管理工作与公众需求实现无缝对接、协调互动。推动学术繁荣，鼓励支持社会各界参与知识产权理论和实践问题研究。积极联合民间智库、产业协会、社会团体、媒体联盟、创新主体等，在世界知识产权日等重要节日期间、在“十四五”知识产权规划等重大政策印发期间，在不同层面同步开展知识产权宣传普及活动，形成政府引领带动、各界广泛参与知识产权文化共建的良好局面。

加强知识产权顶层设计 科学编制《“十四五”国家知识产权保护和运用规划》

葛　树

国家知识产权局战略规划司司长

在习近平新时代中国特色社会主义思想指导下，国家知识产权局深入学习贯彻党的十九大和十九届二中、三中、四中、五中全会精神，认真落实习近平总书记在中共中央政治局第二十五次集体学习时的重要讲话精神，进一步加强知识产权顶层设计，牵头编制了《“十四五”国家知识产权保护和运用规划》（以下简称“十四五”知识产权规划）。

一、“十四五”知识产权规划编制总体过程

“十四五”知识产权规划编制工作切实贯彻落实党中央、国务院决策部署，将立足新发展阶段、贯彻新发展理念、构建新发展格局的要求贯穿全篇，按照国家发展改革委的统一安排，与《中华人民共和国国民经济和社会发展第十四个五

年规划和 2035 年远景目标纲要》（以下简称国家规划纲要）同步部署、同步研究、同步编制，力求使“十四五”知识产权规划符合中央要求、满足群众期待、体现时代特点。

规划编制工作坚持强化组织领导、明确工作机制。国家知识产权局党组对规划编制工作高度重视，启动之初即成立了局主要领导任组长的领导小组，制定了工作方案，由战略规划司牵头负责编制工作，设立了指导专家组和编制工作组。编制过程中，国家知识产权局党组多次进行专题研究讨论，对规划文本进行论证修改，有效提升了规划编制的科学性和系统性。

规划编制工作坚持开展调查研究、积极开门问策。先后开展专题研究 20 余项、专家座谈访谈 40 余次，征集公众意见 10 万余字；同时充分听取市场主体和创新主体意见，面向 25 个省（区、市）开展调研交流。在此基础上，起草形成规划文本，先后两轮征求有关部门和国务院知识产权战略实施工作部际联席会议各成员单位等 40 个单位、各省（区、市）和新疆生产建设兵团意见，根据反馈意见进行了修改完善，并开展了合法性审核和第三方评估。

规划编制工作坚持上下衔接、横向联动。加强与国家规划纲要的衔接，推动知识产权重要政策举措纳入国家规划纲要。加强与《知识产权强国建设纲要（2021—2035 年）》（以下简称强国建设纲要）的衔接，将强国建设纲要确定的近期目标任务在“十四五”知识产权规划中细化落实。加强系统内衔接，分类指导并统筹推进专利商标审查规划、地理标志保护运用规划等分项规划及地方规划编制，确保规划内容紧密衔接、方向一致。加强与相关部门的密切联系，在"十四五"知识产权规划中吸纳科技部、工信部、市场监管总局等30余个部门的工作建议，为20余项国家专项规划细化完善知识产权相关内容提出意见建议。

二、"十四五"知识产权规划的主要内容

"十四五"知识产权规划总体分为八个部分。

第一部分为规划背景，第二部分为总体要求。阐述了"十三五"时期我国知识产权工作的发展成就、发展形势和主要问题。强调坚持以习近平新时代中国特色社会主义思想为指导，以推动高质量发展为主题，以全面加强知识产权保护为主线，以建设知识产权强国为目标，以改革创新为根本动力，深化知识产权保护工作体制机制改革，全面提升知识产权创造、运用、保护、管理和服务水平，深入推进知识产权保护国际合作，促进建设现代化经济体系，激发全社会创新活力，有力支撑经济社会高质量发展。提出坚持质量优先、强化保护、开放合作、系统协同等基本原则。明确2025年主要目标，即知识产权强国建设阶段性目标任务如期完成，知识产权领域治理能力和治理水平显著提高，知识产权事业实现高质量发展，有效支撑创新驱动发展和高标准市场体系建设，有力促进经济社会高质量发展，并提出八项预期性指标。

第三部分至第七部分为重点工作任务。明确了全面加强

知识产权保护激发全社会创新活力、提升知识产权转移转化成效支撑实体经济创新发展、构建便民利民知识产权服务体系促进创新成果惠及人民、推进知识产权国际合作服务开放型经济发展、推进知识产权人才和文化建设夯实事业发展基础五大重点任务，并围绕五大任务设立了15个专项工程。

第八部分为实施保障。包括加强组织领导、鼓励探索创新、加大投入力度、狠抓工作落实等。

三、科学设置“十四五”知识产权规划指标

“十四五”知识产权规划指标体系是量化衡量国家未来五年知识产权工作发展目标的重要依据。为科学设置规划指标，专门成立指标工作组，在“十三五”知识产权规划指标的基础上，明确指标体系构建适应高质量发展要求，突出质量和价值导向，坚持客观评价，充分考虑可测量、可分解和国际可比，与强国建设纲要指标充分衔接，选取3个方面共8个主要指标：

一是激励更高质量创新，纳入每万人口高价值发明专利拥有量、海外发明专利授权量指标。其中，每万人口高价值发明专利拥有量是我国“十四五”时期经济社会发展主要指标之一，该指标在“十二五”时期和“十三五”时期每万人口发明专利拥有量指标基础上既有继承也有发展，从符合国家重点产业发展方向、专利权稳定或价值较高等方面出发，将战略性新兴产业、在海外有同族专利权、维持年限超过10

年、实现较高质押融资金额和获得国家科学技术奖或中国专利奖五种情况的有效发明专利纳入高价值发明专利统计范围，有利于真实反映我国专利的技术含量和市场价值，客观度量创新能力和产出绩效，引导专利从追求数量向追求质量转变。海外发明专利授权量指标替换“十三五”时期PCT专利申请量指标，该指标全面涵盖PCT及《保护工业产权巴黎公约》两种申请途径，同时突出结果导向，从测度申请量转变为授权量，有利于引导创新主体在“走出去”过程中加强海外专利布局，助力构建国内国际双循环相互促进的新发展格局。

二是突出对经济发展的贡献，纳入专利密集型产业增加值占GDP比重、版权产业增加值占GDP比重、知识产权质押融资登记金额、知识产权使用费年进出口总额等指标。其中，专利密集型产业增加值占GDP比重、版权产业增加值占GDP比重为“十四五”时期新增指标，直接体现依靠知识产权参与市场竞争的产业对于经济增长的贡献，有利于引导产业创新发展，促进经济结构转型升级。知识产权质押融资登记金额指标沿用“十三五”时期指标设置，反映知识产权增信增贷能力，有利于引导社会资本投入科技创新，更好发挥知识产权支撑创新型企业融资发展作用。知识产权使用费年进出口总额指标是“十三五”时期知识产权使用费出口额指标的发展，在体现我国知识产权海外影响力的基础上，也能反映对于高质量创新成果的引进利用能力，有利于鼓励尊重知识产权的国际贸易，激励创新发展、开放共赢的经济全球化。

三是引导营造更优保护环境，纳入知识产权保护社会满意度、知识产权民事一审案件服判息诉率指标。其中，知识产权保护社会满意度指标沿用“十三五”时期指标设置，反映当前知识产权保护水平与经济社会发展需求的匹配程度，有利于引导强化知识产权保护、塑造更优营商环境。知识产权民事一审案件服判息诉率属于“十四五”时期新增指标，该指标反映我国知识产权司法审判的质量与效率，有利于引导知识产权司法保护水平提升。

四、“十四五”知识产权规划主要特点

“十四五”知识产权规划编制工作坚持问题导向与目标导向相结合，立足当前、展望未来，统筹国内发展需要和国际形势变化，针对知识产权领域面临的问题与挑战，提出一系列体现时代特点的目标任务。

一是明确提出坚持以推动高质量发展为主题。知识产权制度作为激励和保护创新的基本制度保障，必然要坚持高质量发展的要求，遵循以知识产权事业高质量发展支撑经济社会高质量发展的基本思路。“十四五”知识产权规划在指导思想中明确坚持以高质量发展为主题，将坚持质量优先作为基本原则，构建了包括每万人口高价值发明专利拥有量指标在内的以质量和价值为导向的知识产权指标体系，部署了推动知识产权事业高质量发展的重点政策举措，强调了健全知识产权质量统计监测和反馈机制，充分发挥知识产权支撑经济社会高质量发展的重要作用。

二是明确提出全面加强知识产权保护为主线。知识产权保护是知识产权制度的本质特征和要求，加强知识产权保护是党中央、国务院对知识产权工作的明确部署。"十四五"知识产权规划在指导思想中明确以全面加强知识产权保护为主线，将坚持强化保护作为基本原则，将知识产权保护迈上新台阶作为主要目标。为顺应时代发展趋势，特别提出研究制定与数据有关的知识产权保护规则，健全新领域新业态知识产权保护制度等政策举措，准确把握和应对知识产权事业面临的机遇和挑战。

三是明确提出加强知识产权转移转化为着力方向。知识产权转移转化是促进科技成果转移转化的重要方式，在支撑现代产业体系发展中发挥着重要作用。"十四五"知识产权规划在指导思想中提出要强化知识产权运用，将知识产权运用取得新成效作为主要目标。为充分发挥知识产权连接创新和市场的纽带作用，"十四五"知识产权规划特别提出了知识产权助力区域经济协调发展，提升创新主体知识产权管理效能，推动绿色专利技术产业化等政策举措，有效推动产业转型升级和绿色发展。

四是明确提出将知识产权开放合作放在更加突出的位置。知识产权是国际竞争力的核心要素，是建设更高水平开放型经济新体制的现实需要。"十四五"知识产权规划将坚持开放合作作为基本原则，将知识产权国际合作取得新突破作为主要目标，对推动与贸易有关的知识产权谈判、便利知识产权海外获权等提出了具体安排，充分体现了我国积极参与知识产权国际合作和竞争的开放姿态，凸显了知识产权工作在服务构建新发展格局中的重要作用。

五是明确提出坚持系统观念。知识产权工作涉及范围广、部门多、领域宽，“十四五”时期，共有 39 个中央和国家部门参与知识产权规划相关工作。“十四五”知识产权规划编制工作努力提升站位，从国家发展大局出发统筹推进知识产权工作部署。“十四五”知识产权规划将坚持系统协同作为基本原则，并就强化部门协同、上下联动、区域协作和社会共治提出具体举措，通过强化系统集成和政策协同，提升知识产权领域治理效能。

完善知识产权法律体系 全面加强知识产权保护

张 鹏

国家知识产权局条法司司长

“十三五”以来，以习近平同志为核心的党中央对知识产权作出一系列重大决策部署，出台一系列重要政策措施，推动我国知识产权事业取得了历史性成就。“十四五”时期是我国全面建成小康社会、实现第一个百年奋斗目标之后，乘势而上开启全面建设社会主义现代化国家新征程、向第二个百年奋斗目标进军的第一个五年。在此背景下，制定实施《“十四五”国家知识产权保护和运用规划》，谋划完善知识产权法律制度顶层设计具有重大意义。

一、“十三五”时期知识产权法律制度建设取得的成就

“十三五”时期，知识产权法律制度的前瞻性研究更加深入，知识产权国际规则谈判和磋商稳步推进，知识产权法治

建设成效显著，有效推进法治政府建设向纵深发展。

一是全面推进完成相关法律法规修改工作。全力推进《专利法》修改工作，2020 年，第十三届全国人大常委会第二十二次会议通过修改专利法的决定，修改后的《专利法》自 2021 年 6 月 1 日起施行。完成《商标法》第四次修改，修改条款自 2019 年 11 月 1 日起施行。发布《规范商标申请注册行为若干规定》，提高相关规定的可操作性。就完善地理标志法律制度开展深入研究论证，对《地理标志产品保护规定》进行修改并对外公开征求意见。

二是推进知识产权基础性法律研究工作。为落实《“十三五”国家知识产权保护和运用规划》相关部署，持续进行专题论证，在立法的必要性和可行性、立法模式、立法内容等方面不断取得共识，并形成立法草案建议稿等阶段性成果。

三是推进遗传资源、传统知识、民间文艺、植物新品种等知识产权保护工作。落实《中医药法》中传统知识相关条款，推动《生物安全法》《人类遗传资源管理条例》《中医药传统知识保护条例》等立法工作。密切配合有关主管部门完善植物新品种保护相关法律法规。

四是不断完善专利审查政策。进一步回应经济社会和科学技术快速发展对审查工作的新诉求，持续完善专利审查规则，四次修改《专利审查指南》，修改并实施《专利优先审查管理办法》。印发并实施《专利申请集中审查管理办法（试行）》，建立重点优势产业专利申请的集中审查制度。

五是深度参与相关涉外工作。积极参与世界知识产权组织（WIPO）、世界贸易组织（WTO）平台多边规则制定以及中日韩等自贸协定知识产权章节谈判相关工作，配合推进《区域全面经济伙伴关系协定》（RCEP）知识产权章节顺利签署。参与《中美第一阶段经贸协议》《中欧地理标志保护与合作协定》及《生物多样性公约》谈判，并做好落实工作。持续推进加入《工业品外观设计国际注册海牙协定》（1999 年文本）有关准备工作。

二、“十四五”时期发展形势

站在新的发展起点上，面对复杂的国内国际形势，知识产权法律工作既面临难得的历史机遇，也面临艰巨的困难挑战。

从国内形势上讲，党中央、国务院日益重视知识产权工作，对知识产权工作作出一系列重大部署。习近平总书记多次强调知识产权制度的重要作用，明确表示中国将着力营造尊重知识价值的营商环境，全面完善知识产权保护法律体系。同时，我国经济已由高速增长阶段转向高质量发展阶段，国家创新水平大幅提升，创新主体积极性大大增强，创业创新成为经济发展的重要动力，这些都对完善知识产权法律制度提出了更新更高的要求。

从国际形势上讲，世界经济格局深刻调整，单边主义和贸易保护主义抬头，对多边贸易体制的权威性和有效性造成严重冲击，知识产权领域多边谈判呈现僵持甚至停滞状态。

然而，在全球化的大背景下，开放与合作仍是各国发展需要，在多边磋商进展缓慢的情况下，全球双边和小多边贸易协定谈判进展和成果显著。同时，我国深化改革开放，助力企业“走出去”，也需要维护多边规则，深度参与新规则的构建，积极推动双边和小多边经贸谈判，成为多边规则的维护者、国际新规则的贡献者。

三、“十四五”时期完善知识产权法律制度的重点任务

“十四五”时期，要提高知识产权法治化水平，进一步完善知识产权法律法规体系，实现知识产权法律制度与其他法律制度有效协调，国内知识产权法律制度与知识产权国际条约平行互动，知识产权审查制度体系与国家经济科技发展需求充分响应，为知识产权严格保护和高效运用奠定完备的法律基础，为推进知识产权全球治理改革创造规则保障，为创新驱动发展提供有效的制度激励。

一是统筹推进知识产权相关法律法规修改完善。推进完成专利法实施细则修改工作，在完善专利审查制度、加强专利保护、加强与国际规则对接等方面予以规则细化，保障专利法规定的各项制度有效实施。围绕加强商标权保护、全面增强使用义务等重点问题开展调研论证，加大对商标抢注、囤积注册等恶意注册现象的规制力度，积极推动完成《商标法》及其实施条例修改。针对地理标志法律制度目前存在的审查程序相关规定不完善、权利保护较弱和法律位阶较低等

问题，进一步推进地理标志相关部门规章的修订，同时积极开展地理标志专门立法调研，力争尽早形成建议草案并提出立法计划建议，推进地理标志法律制度不断完善。开展完善集成电路布图设计法律制度研究，对《集成电路布图设计保护条例》及其实施细则进行立法后评估，提出立法建议。推动反不正当竞争法、反垄断法、科学技术进步法、电子商务法等有关知识产权条款的完善，共同促进我国经济和社会发展进步。

二是深入开展知识产权基础性法律研究工作。为加快建设知识产权强国，推进知识产权领域治理体系和治理能力现代化，针对知识产权各单行法在法律适用方面存在的问题，从加强顶层设计、增强法律一致性、提升知识产权法治化水平的角度进一步论证制定知识产权基础性法律的重要意义，不断丰富完善草案内容，进一步开展交流研讨，推动将制定知识产权基础性法律尽早列入全国人大立法规划。

三是持续推动遗传资源、传统知识、民间文艺保护制度完善。进一步健全遗传资源获取和惠益分享制度，制定民间文艺、传统知识等领域保护办法。继续就上述问题开展研讨，促进国内相关规则的建立与完善。推进《中医药传统知识保护条例》制定。结合我国种业实际发展状况和创新主体需要，进一步完善植物新品种保护制度，推动完成《种子法》《植物新品种保护条例》的新一轮修改。

四是加强我国知识产权法律规定域外适用以及完善跨境电商知识产权保护规则研究。调研标准必要专利领域的知识产权法律域外适用问题，结合标准必要专利的特点，根据我国产业现阶段发展的特点及需求，研究提出相关完善建议。从我国跨境电商产业发展情况出发，调研、梳理和分析跨境电商知识产权保护面临的主要问题及其成因，并从创新保护、产业发展等不同角度，对完善跨境电商知识产权规则开展研究，提出相关完善建议。

五是持续完善专利和商标审查标准。进一步健全和完善新领域新业态知识产权保护制度，根据大数据、人工智能、基因技术等相关发展状况及创新主体需求，继续对《专利审查指南》中相关审查规则进行研究和完善。修订商标审查审理标准，增加商标审查及审理程序性标准，增强商标审查审理标准的适用与指导作用，保障各环节法律适用统一和标准执行一致。

六是进一步深度参与相关涉外工作。推进加入《工业品外观设计国际注册海牙协定》（1999 年文本）。积极推动与贸易有关的多边、双边知识产权谈判，落实 RCEP 知识产权章节，研究《全面与进步跨太平洋伙伴关系协定》（CPTPP）中知识产权条款，继续积极参与 WIPO 专利法常设委员会（SCP），商标、工业品外观设计和地理标志、法律常设委员会（SCT），以及知识产权与遗传资源、传统知识和民间文学艺术政府间委员会（IGC）等有关议题的讨论，提出中国方案，贡献中国智慧。

强化知识产权全链条保护 构建大保护工作格局

张志成

国家知识产权局知识产权保护司司长

习近平总书记在主持中共中央政治局第二十五次集体学习时发表重要讲话，充分肯定了党的十八大以来我国知识产权保护取得的历史性成就，深刻阐明了加强知识产权保护的重大意义，为未来一个时期全面加强知识产权保护工作提供了根本遵循和行动指南。2021 年 3 月，全国人大通过的《中华人民共和国国民经济和社会发展第十四个五年规划和 2035 年远景目标纲要》明确要求加强知识产权保护，为“十四五”时期知识产权保护工作标定了方向，做好知识产权保护工作意义重大。

一、“十三五”期间知识产权保护工作取得积极进展

党的十八大以来，党中央把知识产权工作摆在更加突出的位置，习近平总书记先后在多个国内重要会议、国际重大

场合对知识产权保护工作作出一系列重要论述和指示，反复强调要加强知识产权保护。

一是知识产权保护管理体制不断优化。2018 年新一轮党和国家机构改革中，组建国家市场监督管理总局，重新组建国家知识产权局，实现专利、商标、原产地地理标志、集成电路布图设计的集中统一管理和专利、商标的综合执法。先后成立多家知识产权法院，最高人民法院挂牌成立知识产权法庭，知识产权司法保护显著加强。

二是知识产权保护法律制度日益完善。民法典明确了知识产权的类型以及侵权惩罚性赔偿的原则。商标法、专利法、著作权法等主要知识产权单行法律均完成了新一轮修改，建立起高标准的知识产权侵权惩罚性赔偿制度。刑法修正案对侵犯知识产权犯罪等罪名进行了修订，刑事惩戒力度进一步加大。《关于强化知识产权保护的意见》及其推进计划相继印发，全国 31 个省（区、市）党委、政府均制定了配套落实文件，知识产权保护政策协同性显著加强。

三是知识产权行政执法指导和组织协调持续加强。国家知识产权局先后出台《专利侵权纠纷行政裁决办案指南》《商标侵权判断标准》等标准指南，不断加强执法指导。版权、市场监管、海关、知识产权等有关部门常态化开展“剑网”“铁拳”“网剑”“龙腾”等行政执法专项行动，严厉查处商标、专利、版权、地理标志等侵权假冒行为。机构改革以来，全国累计查处商标、专利违法案件近 7.8 万件，办理专利侵权纠纷行政裁决案件 8.1 万余件。

四是知识产权快速协同保护体系建设显著加快。"十三五"时期，在全国范围内建设40家知识产权保护中心，22家快速维权中心，各类知识产权维权援助机构达到1000余家。组织开展以信用为基础的分级分类监管试点。出台《电子商务平台知识产权保护管理》国家标准。培育知识产权保护规范化市场118家。

五是知识产权保护对外合作持续深化。《视听表演北京条约》生效，《中欧地理标志保护与合作协定》《区域全面经济伙伴关系协定》正式签署。先后推动成立国家海外知识产权纠纷应对指导中心和北京、浙江、广东等10个地方分中心，有力强化对中国企业"走出去"的海外维权援助力度。

"十三五"时期，我国知识产权保护成效获得社会广泛认可。调查结果显示，知识产权保护社会满意度持续提高，2020年满意度得分达到80.05分（百分制），较"十二五"期末提高11.33分。同时也要注意到，知识产权保护工作还有一些不足，知识产权保护链条上还存在诸多体制机制关卡，全社会对知识产权保护的重要性认识还需要进一步提高，知识产权侵权易发多发及侵权易维权难的现象依然存在，保护效果与社会期待仍有差距，知识产权保护领域的人财物保障有待加强。

二、从国家战略高度和新发展阶段要求出发，强化知识产权全链条保护

习近平总书记指出，要强化知识产权全链条保护。要综

合运用法律、行政、经济、技术、社会治理等多种手段，从审查授权、行政执法、司法保护、仲裁调解、行业自律、公民诚信等环节完善保护体系，加强协同配合，构建大保护工作格局。《“十四五”国家知识产权保护和运用规划》围绕加强知识产权全链条保护进行了全面部署，“十四五”时期要重点做好以下几方面工作。

（一）对标对表做好政策设计，协调推进压实部门属地责任

继续抓好中共中央办公厅、国务院办公厅印发的《关于强化知识产权保护的意见》及其推进计划实施，压实各地各部门责任。完善知识产权保护协调指导和检查考核机制，发挥好考核“指挥棒”作用，推动形成工作闭环。以检查考核为抓手，促进各地各部门主动对标对表。运用好考核结果，进一步加强横向协调，争取更多资源和更大支持。开展全国知识产权保护水平评估，继续做好知识产权保护社会满意度调查，形成主观满意度调查与客观指标评估互为补充的立体化调查评估体系。

（二）及时、主动响应社会需求，严格规范知识产权申请注册行为

继续落实好《关于进一步严格规范专利申请行为的通知》等政策文件，严格规范专利申请行为。从严从快打击恶意注册和囤积商标行为，配合制定加强对恶意商标注册申请行为信用监管的有关文件，做好恶意商标注册申请案件的转办和跟踪落实。加大执法力度，防范和杜绝不以保护创新为目的

的非正常专利申请和不以使用为目的的恶意商标注册行为，有效减少扰乱管理秩序、阻碍企业创新、浪费公共资源等现象的发生。推动地方相关公共资源加大对后续转化运用、行政保护和公共服务的重点支持。

（三）深化改革，加强示范引领，推动区域知识产权保护水平有效提升

一是高水平建设知识产权保护示范区。出台知识产权保护示范区工作方案，遴选和建设一批知识产权保护示范区，通过实行差别化的区域知识产权政策，发挥示范引领作用，带动各地知识产权保护能力和水平提升。二是推进专利侵权纠纷行政裁决试点示范建设工作。推动各地进一步健全行政裁决制度，细化程序规定。加强对试点地区分类指导和精准指导，探索形成可复制、可推广的做法和制度。三是深入推进国家地理标志产品保护示范区建设。加强已批准示范区建设的巡查管理，形成特色鲜明的地理标志保护体系，构建社会共治、协调联动的地理标志保护格局，树立叫得响的国家地理标志品牌，提供可复制、可推广的保护经验。

（四）强化业务指导和保护监管，不断提高知识产权保护法治化水平

一是加强执法保护业务指导。充分发挥《商标侵权判断标准》《专利侵权纠纷行政裁决办案指南》等对行政执法和行政裁决的指导作用，抓紧制定《商标一般违法判断标准》，进一步统一执法和监管标准。深入开展知识产权侵权纠纷检验鉴定技术支撑体系建设。二是促进行政执法标准和司法裁判

标准的协调统一。完善行政执法和司法衔接机制，加强与公安等部门协作配合，制定关于加强协作配合、强化知识产权保护的规定。加强与法院的沟通交流，完善商标保护行政与司法衔接机制。指导地方建立健全跨地区跨部门执法保护协作机制。三是落实重大侵权案件办理和药品专利纠纷早期解决行政裁决机制。依法建立处理在全国有重大影响的专利侵权纠纷制度机制，力争办成一批有影响力和指导性的大案要案。加强与地方办案衔接，推动和海关边境保护部门协作，形成合力，充分发挥行政裁决禁令的威慑力。四是加强地理标志及官方标志保护。健全地理标志保护标准化体系，研究制定系列地理标志保护技术标准，夯实地理标志制度的基础。持续推进地理标志专用标志使用核准改革，严格地理标志专用标志使用监管，促进地理标志专用标志使用核准手续更便捷、流程更优化、核准更高效。

（五）加强快速协同社会共治，持续健全知识产权全链条保护工作体系

一是继续加大快速协同保护机构布局力度，推进知识产权维权援助机制建设。继续布局建设一批知识产权保护中心和快速维权中心，优化完善维权援助服务平台。二是深化知识产权纠纷仲裁调解工作，落实好《关于建立知识产权纠纷在线诉调对接机制的通知》，指导地方开展诉调对接工作。三是深入推进以信用为基础的分级分类监管试点，形成知识产权领域公共信用信息基础目录。四是推广实施《电子商务平台知识产权保护管理》标准，加强知识产权保护规范化市场

建设。

（六）强化安全风险防控，提高涉外知识产权纠纷应对能力

一是依法管理涉及国家安全的知识产权对外转让行为。抓好《知识产权对外转让有关工作办法（试行）》的贯彻实施，严格知识产权对外转让行为审查内容、审查机制和审查范围。加强知识产权对外转让数据分析和运用。建立知识产权对外转让相关清单目录。推动地方建立健全知识产权对外转让审查机制。二是加强海外知识产权纠纷应对指导体系建设。促进国家海外知识产权纠纷应对指导中心高效运行，继续布局建设地方分中心和海外分中心。持续优化完善海外知识产权信息服务平台“智南针”网站。编制一批重点国家（地区）知识产权保护国别指南，持续更新《海外重点国家商标维权指南》。

走好中国特色知识产权发展之路，开创知识产权事业改革发展新局面，要做到对习近平总书记重要讲话精神的深化、消化、转化，不断领会核心要义、精神实质和思想内涵，做到学思践悟，紧密结合知识产权保护工作实践，把讲话精神转化为推动工作的强大动力，为全面加强知识产权保护工作，构建新发展格局、推动高质量发展书写新的篇章。

完善知识产权司法保护体系 提高知识产权工作法制化水平

林广海
最高人民法院民事审判第三庭庭长

一、“十三五”时期知识产权司法保护取得的成就

“十三五”时期，人民法院坚决贯彻落实党中央决策部署，全面加强知识产权司法保护工作，深入实施国家知识产权战略和“十三五”国家知识产权保护和运用规划，取得了一定的成就。

一是司法裁判规则不断完善。制定涉及专利、商标、网络、商业秘密、民事诉讼证据、行为保全、刑事保护等方面司法解释和规范性文件20余件，积极回应现实需要，提高司法保护水平。集中清理知识产权类司法解释，修订18件，废止4件，保证《民法典》和知识产权专门法律准确统一适用。

二是司法保护效能显著提升。人民法院积极履行审判职能，激励创新创造、维护公平竞争、促进文化繁荣。依法审

理"乔丹"商标争议系列行政纠纷案、"红牛"商标权属纠纷案等一批具有国内外重大影响的案件，司法公信力和国际影响力不断提升。依法作出具有"禁诉令"性质的行为保全裁定，有效维护国家利益和当事人合法权益。坚持严格保护，加大赔偿力度，积极适用惩罚性赔偿。着力强化司法审查与司法监督职能。依法严惩侵犯知识产权犯罪，充分发挥法律威慑作用。

三是体制机制建设取得重大进展。以最高人民法院为龙头，以北京、上海、广州、海南自贸港知识产权法院为示范，以22家地方法院知识产权法庭为重点的专业化审判体系已经形成。全面部署推进"三合一"工作，优化司法资源配置。健全技术事实查明机制，完善诉讼证据制度，减轻权利人举证负担。积极推进专利民事侵权程序和授权确权程序协同机制。开展知识产权纠纷多元化解，促进案件繁简分流，加强在线诉讼服务，提高纠纷解决的便捷性、高效性和透明度。

二、"十四五"时期知识产权司法保护的发展形势

当今世界正经历百年未有之大变局，知识产权领域国际竞争更加激烈，科技创新对国家发展的战略支撑作用更加凸显，人民群众对知识产权保护水平提出更高要求。"十四五"时期是我国加快建设知识产权强国的重要时期。面对新形势新要求，人民法院要坚持以习近平法治思想为指导，从国家战略高度出发，立足新发展阶段，深入贯彻新发展理念，全

面加强知识产权司法保护工作，为构建新发展格局、实现高质量发展提供有力法治保障。

发展目标。到2025年，知识产权审判体系和审判能力现代化建设取得实质性进展。司法公信力、影响力和权威性明显提升，社会满意度保持较高水平。具有中国特色、符合创新规律、适应国家发展目标需要的知识产权司法保护制度进一步成熟，知识产权审判激励保护创新、促进科技进步和社会发展的职能作用进一步增强，服务党和国家工作大局的成效进一步显现。

遵循原则。坚持党的绝对领导，坚定不移走中国特色知识产权发展之路。坚持以人民为中心，更好满足人民群众对公平正义的更高需求。坚持问题导向，着力破解知识产权司法保护突出问题。坚持改革创新，以创新的方式保护创新、激发创新活力。坚持开放发展，推动构建以国内大循环为主体、国内国际双循环相互促进的新发展格局。

三、“十四五”时期知识产权司法保护的重点任务

（一）充分发挥知识产权审判职能作用

加强科技创新成果保护。全面贯彻实施《专利法》，充分发挥专利等技术类案件集中审理优势，强化司法裁判在科技创新成果保护中的规则引领和价值导向职能。加大对关键核心技术、新兴产业、重点领域及种源等知识产权司法保护力

度，严格落实集成电路布图设计和计算机软件保护制度，健全大数据、人工智能、基因技术等新领域新业态知识产权司法保护规则。加大对种业自主创新、中医药领域发明创造保护。全力服务国家重大区域发展战略。

加强著作权和相关权利保护。全面贯彻实施《著作权法》，充分发挥著作权案件审判对于优秀文化的引领和导向功能。加大对文化创作者权益的保护，准确把握作品认定标准，使保护强度与独创性程度、中国国情相协调。依法维护作品传播者的合法权益，妥善处理著作权集体管理制度和尊重权利人意思自治关系，促进作品传播利用。妥善处理互联网领域文化创作传播相关著作权保护新问题，积极研究传统文化、传统知识等领域的知识产权保护，明确司法保护规则。

加强商业标志保护。加强商标权司法保护，促进知名品牌培育和商品服务贸易发展。加大对恶意抢注、囤积商标等行为的惩治力度，促进商标申请注册秩序正常化和规范化。科学合理界定商标权权利边界与保护范围，积极引导实际使用商标。加强地理标志司法保护，保障区域特色经济发展。

加强反垄断和反不正当竞争审判。加强反垄断和反不正当竞争案件审理工作，强化竞争政策基础地位，适时制定有关司法解释，明确规制各类知识产权垄断和不正当竞争行为。妥善处理互联网领域垄断纠纷，完善平台经济反垄断裁判规则，推动平台经济规范、健康、持续发展。加强反不正当竞争法对商业标识的司法保护，解决不同标识之间的权利冲突。强化商业秘密司法保护，妥善处理保护商业秘密与人才合理流动的关系。

加大知识产权侵权行为惩治力度。依法采取行为保全、证据保全、制裁诉讼妨害行为等措施，及时有效阻遏侵权行为，切实降低维权成本。正确把握惩罚性赔偿构成要件，确保惩罚性赔偿制度在司法裁判中精准适用。正确把握民事纠纷和刑事犯罪界限，准确适用行政执法移送刑事司法标准和刑事案件立案追诉标准。加大知识产权犯罪刑事打击力度。

（二）深化知识产权审判领域改革创新

完善知识产权专门化审判体系。全面总结最高人民法院知识产权法庭三年试点工作情况，提出进一步改革方案，深化国家层面知识产权案件上诉审理机制建设。加强知识产权法院、知识产权法庭建设，深化司法责任制综合配套改革，推动完善知识产权专门化审判机构布局。加强互联网法院知识产权审判功能建设，着力解决信息化时代知识产权保护新问题。

健全知识产权诉讼制度。研究建立健全符合知识产权案件规律的特别程序法律制度，完善知识产权案件证据规则。优化知识产权民事、行政案件协同推进机制，推动行政确权案件和民事侵权案件在程序衔接、审理机制、裁判标准等方面相互协调。完善知识产权案件管辖制度，加强特定类型案件集中管辖，推动建立跨行政区域知识产权案件审理机制。加强技术调查人才库建设。有效规制滥用权利、恶意诉讼，进一步完善知识产权诉讼诚信体系建设。

深化知识产权审判"三合一"改革。推动完善知识产权刑事案件管辖布局，积极构建与知识产权"三合一"审判机制相适应的管辖制度，推动知识产权法院审理知识产权刑事案件。加强与公安机关、检察机关在知识产权刑事司法程序方面沟通协调。完善知识产权民事、行政和刑事诉讼程序衔接，确保裁判结果内在协调统一。优化知识产权刑事自诉程序，充分保障知识产权权利人合法权益。

深入推进案件繁简分流改革。积极推进知识产权案件繁简分流，完善简易程序规则，推动简单知识产权类案件适用小额诉讼程序，探索简单商标授权确权类行政案件适用独任制审理。优化调解案件司法确认程序。加强和规范在线诉讼，简化常见简单案件裁判文书格式。

（三）优化知识产权保护工作机制和审判保障

完善统一法律适用标准机制。充分发挥司法审查监督和指引功能，促进知识产权行政执法标准和司法裁判标准统一。健全以司法解释、司法政策为引领，以指导性案例为指引，以典型案例为参考的知识产权审判指导体系，优化专业法官会议制度，完善类案和新类型案件检索制度，完善统一法律适用标准机制。深化智慧法院建设，充分运用人工智能等信息化手段促进裁判标准统一。

健全多元化纠纷解决机制。充分依托人民法院调解平台，大力推进在线诉调对接机制，切实将非诉讼纠纷解决机制挺在前面。有效推动知识产权纠纷综合治理、源头治理。加强与知识产权行政职能部门、仲裁机构、行业协会、调解组织等协调配合，因地制宜创新知识产权纠纷解决方式，满足人民群众多元、高效、便捷的纠纷解决需求。

强化行政执法和司法衔接机制。加强知识产权信息化、智能化基础设施建设，推动与国家市场监督管理总局、国家知识产权局等部门建立信息资源共享机制，推进最高人民法院与中央有关部门数据专线连接工作。进一步推动知识产权保护线上线下融合发展，加强与知识产权行政职能部门协同配合，积极参与构建知识产权大保护工作格局。

深化知识产权国际合作竞争机制。加强涉外知识产权审判，妥善审理与国际贸易有关的重大知识产权纠纷，依法平等保护中外权利人合法权益。推进我国知识产权有关法律规定域外适用，切实保护我国公民、企业境外安全和合法权益。强化国际司法合作协作，妥善解决国际平行诉讼，维护知识产权领域国家安全。积极参与知识产权司法领域全球治理，通过司法裁判推动完善相关国际规则和标准。

加强队伍建设和组织保障。对标对表习近平总书记提出的“七种能力”要求，全面提升知识产权审判队伍的革命化、正规化、专业化、职业化，努力造就一支政治坚定、顾全大局、精通法律、熟悉技术、具有国际视野的知识产权审判队伍。严格落实防止干预司法“三个规定”等铁规禁令，健全知识产权领域审判权运行和监督制约机制，确保队伍忠诚干净担当。完善知识产权审判人才培养、交流、遴选机制，增强队伍稳定性。

强化知识产权行政执法
推进高标准市场体系建设

燕　军
国家市场监督管理总局执法稽查局局长

行政执法在我国知识产权保护体系中发挥着重要作用，是快速便捷、有效遏制侵权违法行为的有力手段，也是维护公平竞争秩序、优化市场环境的重要保障。《“十四五”国家知识产权保护和运用规划》（以下简称“十四五”知识产权规划），对“十四五”时期知识产权保护和运用作出全面部署，明确了知识产权执法的重点任务。今后一段时期，要贯彻实施“十四五”知识产权规划，进一步加强知识产权行政执法，充分释放知识产权执法体制改革红利，为推进高标准市场体系建设提供有力支撑。

一、“十三五”时期知识产权行政执法成效显著

“十三五”时期，我国持续推进知识产权保护制度机制建设，对知识产权执法体制作出重大改革，统筹配置行政处罚

职能和执法资源，知识产权执法的统一性和规范化水平明显提升，知识产权法律法规进一步健全，执法保护体系更加完善，对侵权假冒等违法行为的打击力度持续加大，执法效能进一步提高，成效不断显现。

一是加强统筹谋划，全面推进知识产权行政执法。连续两年印发知识产权执法“铁拳”行动方案，顺应机构改革新形势，明确年度执法总体要求、主要任务、重点领域和工作措施，针对侵权假冒重点领域和影响创新发展的突出问题，严厉查处商标侵权、假冒专利等违法行为，保持持续打击态势，有力保护了权利人的合法权益。

二是关注民生热点，严厉查处侵权假冒案件。“十三五”时期，全国共查处商标侵权、假冒专利等违法案件26.8万件。始终将关系人民群众生命健康和财产安全的商品作为执法重点。2020年，查处涉及抗疫防护用品、食品、电子产品、家用电器、汽车配件等侵权假冒案件2.5万件，涉案金额5.1亿元。针对部分主体恶意申请注册“火神山”“雷神山”等商标行为，25个省（区、市）市场监管部门集中开展执法行动，对违法者产生有力威慑。

三是上下协调联动，着力增强执法打击合力。针对侵权假冒跨区域、链条化的特点，积极构建“统筹指挥、上下联动、区域协作”的案件查办机制。2020年10月，组织9个省（区、市）的市场监管部门对部分涉嫌侵犯商标权的机械密封件企业同时开展突击检查，追查涉案产品生产源头和销售网络，综合运用多种法律手段打击违法行为，共查办案件

25件，涉案金额900余万元，移送公安机关10件，有效规范了机械密封件行业秩序。

四是完善制度机制，建立健全执法保障措施。相继出台《市场监督管理行政处罚程序规定》《市场监督管理执法监督暂行规定》《市场监督管理投诉举报处理暂行办法》《市场监管行政处罚、行政强制流程图》《市场监管执法行为用语规范》，研究制定《市场监管领域重大违法行为举报奖励暂行办法》，将原工商、质检、食药、物价、知识产权五条举报投诉热线合一，市场监管综合执法制度机制更加完善。

二、立足新发展阶段，树立知识产权行政执法新理念

"十四五"时期，我国开启全面建设社会主义现代化国家新征程，坚持创新驱动发展是今后一段时期的重点任务。知识产权作为科技成果向现实生产力转化的重要桥梁和纽带，对于激励创新的基本保障作用将更加突出，加强知识产权保护也面临新的更高要求。当前，我国已形成超大规模市场，商品和服务市场在结构性变化中加快融合，线上线下市场在并行交织中形成复杂生态，新产业、新业态、新模式不断涌现。部分领域侵权假冒问题依然突出，并呈现出一些新特点，表现为线上线下一体化运作，违法行为链条化、物流支付信息化、主体身份虚拟化，对知识产权行政执法构成新挑战。面对新形势、新任务，必须树立新的执法理念，积极转变执法方式。

一是树立综合执法理念，由分段执法向全链条执法转变。市场监管综合执法改革，统筹调配执法资源和力量，改变了过去生产、流通、消费等环节由不同部门执法的状态，为全链条执法提供了体制保障。要进一步发挥综合执法的优势，在案件查办中，注重从单个环节入手追查销售网络和生产源头，并加强知识产权执法与产品质量、反不正当竞争等执法的衔接，综合运用多种法律手段严惩侵权假冒行为。

二是树立协作执法理念，由辖区执法向跨区域执法转变。电子商务突破了传统商业模式所受的时空限制，呈现出购销点多面广、分布碎片化的特点，产销链条贯穿全国。这种形势下，如果各地继续对侵权假冒单打独斗，就很难铲除整个生产销售网络。要进一步发挥协同优势，建立完善跨区域知识产权执法协作机制，做到发现线索、追踪溯源、统筹部署、联合行动，对侵权假冒形成合力打击态势。

三是树立高效执法理念，由封闭式执法向开放式执法转变。近年来，政府信息公开力度不断加大。2014 年，国务院发文要求在侵权假冒领域主动公开行政处罚信息。2018 年，国务院发文推行行政执法公示、执法全过程记录、重大执法决定法制审核等制度。随着政府信息越来越透明，行政执法也越来越公开。知识产权执法必须勇于接受社会监督，自觉提高执法效能，确保严格规范公正文明。同时，要加大行政处罚的公开力度，充分发挥警示和震慑作用。

三、扎实推进"十四五"时期知识产权行政执法各项任务举措

"十四五"知识产权规划提出，健全跨区域跨部门知识产权行政保护协作机制，加强知识产权行政执法指导制度建设，开展关键领域、重点环节、重点区域行政执法专项行动，加强知识产权行政执法队伍人员配备和能力建设，利用新技术手段畅通投诉举报渠道，提升打击侵权假冒行为的效率及精准度。这些措施具有很强的针对性和指导性。我们要从国家战略高度出发，对标高标准市场体系建设要求，全面加强知识产权行政执法，严厉打击侵权假冒违法行为，努力营造创新发展的良好市场环境。

一是坚持问题导向，持续加大执法力度。实践证明，开展专项执法行动是快速遏制侵权假冒行为的有效措施。要继续针对群众反映强烈、影响创新发展的突出问题，以及侵权假冒多发的重点领域、重点区域和关键环节，集中优势资源，精准重拳出击，加大执法力度，让违法者付出沉重代价。加强执法宣传和案件曝光，警示经营者，震慑违法者，有效遏制部分领域侵权假冒多发势头，维护公平竞争的市场秩序。

二是完善工作机制，强化全链条执法。着眼于网络环境下侵权假冒的新情况、新特点，进一步完善线上线下结合、区域协调联动的全链条执法机制，加强跨区域信息通报、线索移送、案件协查、联络会商，形成区域间执法合力。积极

推进行政执法与刑事司法衔接，确保当罚则罚、当刑则刑，切实提高违法成本。牢固树立全国“一盘棋”思想，注重在个案办理中深入挖掘上下游关联违法行为，彻底铲除产供销违法链条。通过查办一批关联案件，切实规范一个行业，净化一片区域。

三是加强队伍建设，进一步提升执法效能。当前，各地普遍面临市场监管综合执法机构新、人员新、业务新的情况。要广泛开展多层次、宽领域的业务培训，加强知识产权执法办案指导，使执法人员熟练掌握履职所需的法律知识，提高办案技能，培养一支政治过硬、业务精湛、敢于担当、公正文明的市场监管综合执法队伍。充分发挥网络交易监测和全国 12315 平台作用，利用信息技术手段为执法赋能，提升执法打击的精准度。推动落实《关于市场监管基层执法装备配备的指导意见》，做好执法装备配备投入保障，加强执法装备使用培训，提高执法装备使用效率。

四是健全法规制度，提高执法的法治化水平。贯彻实施新修订的《商标法》《专利法》等法律法规，推动完善配套法规规章。针对市场监管领域的新业态、新模式，梳理执法的难点痛点问题和制度漏洞，在立法层面深入研究，积极破解网络环境下的执法办案难题，补上制度短板，为执法办案提供法治保障。通过督查督办、案卷评查、实地调研等方式，加强对基层工作的指导，努力提高办案技能，确保知识产权行政执法沿着法治化轨道持续前进。

加强科技计划知识产权管理 深化科技创新治理改革

霍　竹

科技部科技评估中心副主任

国家科技计划是我国关键技术的重要来源，知识产权是国家科技计划的基本指标和重要的要素资源。强化国家科技计划知识产权管理，是深化科技创新治理改革的重要举措，有利于提升科技创新的质量和效率，加快关键领域核心技术突破。

一、“十三五”时期科技创新知识产权工作取得重大进展

“十三五”时期，科技创新知识产权工作取得重大进展，为我国科技创新提供了有力支撑和有效保障。

一是知识产权量质齐升，有力支撑创新型国家建设。我国知识产权数量大幅增长的同时，知识产权质量稳步提高，核心专利、知名品牌、精品版权、优良植物新品种等持续增

加。PCT专利申请量居世界第一位，高质量专利呈现快速增长态势。在信息通信、航空航天、高铁、核能等国民经济支柱性产业、战略性新兴产业等领域已形成一批高价值核心知识产权，有力支撑了创新型国家建设。

二是科技成果转化日趋活跃，有力促进经济社会发展。全国技术合同成交额逐年增加，知识产权质押融资日趋活跃，知识产权对经济社会发展的贡献度明显提高。科技成果处置、使用、收益权改革激发了高校院所成果转化的积极性，科技成果转化取得明显成效。

三是强化科技计划知识产权管理，保障科技计划目标实现。进一步强化科技计划实施过程中的知识产权管理和分类评价制度，完善基础研究、应用研究、市场导向等不同类型项目知识产权分类评价管理模式。进一步深化对国家科技重大专项知识产权的分析和管理工作，在国家科技奖励评审中强化知识产权相关要求。制定完善科技计划管理配套细则，进一步明确过程管理、验收、评估工作中的知识产权管理和评价举措。

四是深化知识产权领域改革，建立激励创新的评价制度。中央及相关部门相继出台政策文件，积极采取措施提升知识产权质量。2018年7月，中共中央办公厅、国务院办公厅发布《关于深化项目评审、人才评价、机构评估改革的意见》；2020年2月，教育部、科技部发布《关于规范高等学校SCI论文相关指标使用　树立正确评价导向的若干意见》；教育部、国家知识产权局、科技部联合印发《关于提升高等学校

专利质量　促进转化运用的若干意见》等。

五是推动科技成果权属改革，促进科技成果转移转化。2016 年，《实施〈中华人民共和国促进科技成果转化法〉若干规定》明确国家设立的研究开发机构、高校对其持有的科技成果，可以自主决定转让、许可或者作价投资。2020 年 5 月，科技部等九部门印发《赋予科研人员职务科技成果所有权或长期使用权试点实施方案》，对推动知识产权权益分配改革、促进科技成果转移转化起到积极作用。

二、"十四五"时期科技创新知识产权工作面临的形势和要求

"十四五"时期，我国科技创新知识产权工作面临新的发展机遇和挑战，对知识产权工作提出新要求。

一是新一轮科技革命与产业变革冲击现有知识产权的理念与模式。以人工智能、大数据、生命科学等为代表的新一轮科技革命正在加速兴起，科技创新呈现新的发展特征，颠覆性创新正在催生新业态、新模式。新兴领域的科技创新与产业周期演进的速度不断加快，复杂程度不断提高，这给知识产权带来新概念、新范畴和新模式，将使知识产权制度和战略发生深刻变化。

二是高质量发展对发挥知识产权的支撑引领作用提出更高要求。我国经济已由高速增长阶段转向高质量发展阶段，随着产业结构的升级和创新能力的增长，创新主体对知识产

权严格保护的需求日益迫切。加强知识产权保护是完善产权保护制度最重要的内容，我国创新能力的持续提高也需要知识产权制度提供激励和保障。

三是治理体系和治理能力现代化要求深化知识产权领域改革。经济全球化使知识产权成为重要的国际治理规则，当前知识产权国际规则面临挑战，需要适应时代发展趋势，构建更加平衡有效的知识产权治理新秩序。深化知识产权领域改革，要求建立与创新驱动发展要求相匹配、与强化政府公共服务职能相一致、与国际通行规则相接轨的现代化知识产权治理体系。

三、“十四五”时期科技创新知识产权工作的重点任务

《“十四五”国家知识产权保护和运用规划》围绕科技创新知识产权工作，从制度建设、质量提升、运用促进等方面部署了重大战略性任务，提出了若干重大举措。

（一）健全科技创新知识产权制度

一是完善科技创新法律体系。修订完善《科学技术进步法》等法律法规，加强人工智能、生命科学等新兴科技领域的科技与知识产权法律法规的研究，构建更加完备的中国特色科技创新法律体系。二是加强新兴科技领域知识产权战略研究。加强新一轮科技革命和产业变革中新技术和新业态催

生的多维度知识产权跨界问题研究，系统谋划人工智能、生命科学、大数据等领域的知识产权战略。三是完善国家科技计划知识产权制度设计。研究国家科技计划知识产权管理办法，构建国家科技计划知识产权评价指标体系，加强国家科技计划知识产权监管，保障国家科技计划目标实现。

（二）加强关键核心技术知识产权创造

一是专利导航引导高技术产业和新兴产业创新发展。以国家战略需求为导向，围绕战略性新兴产业开展专利导航试点，对重大项目的战略布局、创新方向、可行性及潜在风险等进行分析，提供知识产权咨询意见建议，为政府部门、项目管理专业机构、研发单位等进行战略布局、立项决策、项目管理和项目研发提供支撑。二是加强科技计划知识产权前端布局和后端监测评估。做好科技计划知识产权前瞻性布局，强化面向未来的科技计划布局，分析相关领域知识产权国际态势，在技术突破的同时谋划知识产权布局。加强科技计划成果知识产权监测评估，促进科技计划知识产权转化运用，保障科技计划目标实现。三是强化科技计划知识产权管理与服务。健全国家科技计划知识产权工作机制，完善国家科技计划知识产权制度设计，加强国家科技计划知识产权监管。加强知识产权服务体系建设，以国家战略需求为导向，开展重点领域和重大技术专利导航服务。

（三）优化知识产权激励评价机制

一是激励知识产权高质量创造。调整以数量考核为导向的知识产权激励等政策，在国家科技计划、科技奖励和科技人才等评审中强化知识产权质量及运用等相关要求。充分发挥技术市场的作用，不断发挥促进科技成果转化政策的激励作用，更多运用市场机制培育高质量知识产权。二是构建以质量为导向的知识产权绩效评估制度。为落实科技计划管理改革的要求，切实发挥知识产权在科技创新中的激励、导向和考评功能，研究建立目标明确和绩效导向的科技计划知识产权目标评估制度。三是完善科技成果转化考核评价体系。研究有利于促进科技成果转化的考核评价体系，对高校院所实行分类评价政策，根据不同高校院所的功能定位，明确科技成果转化绩效评价结果所占权重，对以教学型、基础研究、应用研究为主的高校院所，制定不同的科技成果转化绩效考评权重。

（四）促进科技成果知识产权转移转化

一是促进知识产权高效益运用。推进国家技术转移体系建设，研究促进科技成果转化的有效模式，探索建立多元化知识产权质押融资模式。消除知识产权转化运用的制度障碍，完善知识产权价值评估规范。加强知识产权运营服务体系建设，推动创新成果知识产权资本化运营。二是建立国家科技计划知识产权管理信息平台。科研项目知识产权管理已成为国家科技发展、知识产权保护和管理工作中的重要环节之一。建立国家科技计划知识产权管理信息平台，发挥国家科技计划知识产权管理、展示、对接、评价等功能，实现对国家科技计划项目的动态管理和科学评价，提升国家科技计划项目信息化管理水平。推动建立国家财政资助科研项目专利声明制度，促进科技成果知识产权信息共享与利用。三是加强科技成果赋权改革等政策的宣贯落实。开展赋予科研人员职务科技成果所有权或长期使用权试点等成果转化政策解读及培训，推动政策落实落地。

（五）促进知识产权和标准的结合运用

一是开展标准必要专利战略研究和布局。研究标准必要专利的处置规则，完善技术、知识产权、标准化协同的工作机制，在重点领域开展标准必要专利布局。二是建立科技成果与技术标准转化管理平台。充分发挥平台作用，引导市场主体将技术成果转化为技术标准，促进创新成果的固化与推广。三是建立引领性技术标准的创新机制。强化技术标准与科技创新的互动支持发展，推动创新要素在标准化工作中的全过程融入，优化标准化工作体制机制，提升标准研制水平，增强标准实施效果。

提高审查质量和效率 建设一流专利审查机构

魏保志
国家知识产权局专利局审查业务管理部部长

站在“两个一百年”的历史交汇点上，我国的知识产权事业迎来全新的发展契机。《知识产权强国建设纲要（2021—2035年）》和《“十四五”国家知识产权保护和运用规划》（以下简称“十四五”知识产权规划）相继出台，为知识产权事业未来的发展擘画了清晰的蓝图。专利审查工作始终坚持以习近平新时代中国特色社会主义思想为指引，坚定不移地贯彻落实习近平总书记关于“提高知识产权审查质量和审查效率”“完善知识产权审查制度”等重要指示，推动专利审查提质增效取得新成就，切实强化专利源头保护，夯实专利制度运行基础。

一、“十三五”期间专利审查工作进展

审查标准日趋完善，先后完成四次《专利审查指南》修

订，完善大数据、人工智能、基因技术等新领域新业态专利保护规则和补交试验数据的审查规则等，适应了技术和市场发展的现实需要。审查能力大幅增强，专利审查队伍规模增至1.6万人。五年共审结发明专利申请437.3万件、实用新型专利申请884.7万件、外观设计专利申请327.5万件，完成PCT国际专利检索26万件。审查质量稳步提高，大力实施专利质量提升工程，不断提升审查能力，审查质量用户满意度指数从82.8提升至85.4，连续11年保持在80以上的满意区间内。审查效率大幅提升，审查周期实现逆势压减，"十三五"期末，高价值发明专利审查周期压减至14个月，发明专利审查周期压减至20个月。审查模式及流程不断创新，扩大优先审查范围及规模，建立和完善保护中心预审、集中审查、延迟审查等多种审查模式，较好地满足创新主体的多元化需求。专利申请更加便利，专利电子申请率达到98.8%，累计减少各种证明材料超千万份，减免专利相关费用332.1亿元。审查业务国际交流不断拓展。专利审查高速路（PPH）合作伙伴局增至30个，积极参与多双边合作平台下的质量管理、检索等审查业务交流。积极助力疫情防控科研攻关。为受疫情影响的申请人提供便利化救济措施，对1800余件涉及疫情的专利申请实施优先审查，开展疫苗专利跟踪监测，助力疫苗研发。

二、"十四五"时期专利审查工作形势

党中央对专利审查工作高度重视。习近平总书记多次就

提高知识产权审查质量和审查效率作出重要指示。我国正从知识产权引进大国向知识产权创造大国转变，知识产权工作正在从追求数量向提高质量转变，专利审查作为专利获权的基础和专利保护的源头，发挥着向前激励高水平创造、向后促进高效益运用的“双向传导”作用，重要性进一步凸显。

新技术的快速发展对专利审查工作提出新要求。随着科学技术的飞速发展，人工智能、大数据、基因技术等新兴技术以及涉及交叉学科技术的专利申请不断增加，对审查标准和审查模式提出了新要求。对人工智能等新技术在审查以及审查管理中的应用也需要进行密切关注和研究。

创新主体和社会公众对专利审查质量和审查效率有更高期待。为更好地支撑创新发展，需要继续提升授权确权质量，确保授权有理、驳回有据、客观公正、标准统一，不断提升审查效能，满足创新主体多样化需求。对涉及保护客体、中医药等特殊领域、绿色技术以及与数据等有关的审查标准和政策，需要及时进行研究完善和快速修改。

专利申请数量的持续增长对提质增效造成较大压力。随着整个国家的创新能力和水平不断提升，创新成果不断涌现，知识产权特别是专利的市场价值日益显现，全社会知识产权保护意识不断加强。因此，专利申请数量仍将在一段时间内保持增长，对专利审查提质增效工作造成较大压力。

国际竞争对专利审查工作形成新挑战。世界各知识产权机构尤其是五大局都在致力于提质增效，建设世界一流审查机构，是国际上营造一流营商环境、赢得科技竞争的深层次需要。我们需要继续深度参与多层次审查业务规则磋商，贡献中国智慧，推动国际审查规则的发展和完善。

三、"十四五"时期专利审查工作重点任务

（一）健全完善专利审查标准和审查机制

继续健全专利审查指南常态化修改工作机制，以强化专利保护为导向，持续关注新领域新业态的保护诉求，及时完善专利审查标准。完善中医药领域发明专利审查和保护机制，增加中药领域发明专利申请审查的若干规定，进一步加强对中医药创新的引导和保护。编写《专利申请指南》。试点制定分领域专利审查标准，研究编写指导案例集，探索建立审查案例指导机制。探索推进实用新型专利审查制度改革。

（二）提高专利审查质量和审查效率

以审查体系完善、审查质量优异、审查效率高效、审查能力突出、创新主体满意作为目标，加快建设一流专利审查机构。

完善适应创新发展需求的知识产权审查管理体系，创新审查业务管理机制，建立以国家需求和用户体验为导向的审查动态管理机制。加强审查协作机制的顶层设计，优化专利审查协作机制，创新审查业务管理机制，使审查协作体系运行高效顺畅。完善"一局多中心"的审查体系，强化专利局

各审查部门对同领域审查业务的引领和指导作用，发挥各审查协作中心审查“主力军”的作用。

持续完善审查质量保障体系和审查业务指导体系，健全覆盖全流程各业务类型的审查质量评价体系，充分发挥各体系效能。提高专利审查业务精细化管理水平，优化审查资源配置，提升审查效能，缩短审查周期，满足创新主体对审查流程、效率的个性化需求。在现有的优先审查、集中审查、延迟审查、巡回审查、批量审查、工作组审查等模式的基础上进一步拓展思路，加强审查与产业发展的政策协同和业务联动，满足产业绿色转型和新领域新业态创新发展等社会多样化需求。

“十四五”知识产权规划在审查质量和审查效率方面都提出了定量指标，即专利审查质量用户满意度指数保持在 85 以上，发明专利审查周期压缩至 15 个月以内，专利无效结案周期控制在 6 个月以内。以目前的库存量和申请量增长的速度，以及人力资源的匹配情况，继续压缩审查周期，并保持审查质量用户满意度任务艰巨。

为完成好上述任务，实现既定目标，必须发展好两个要素，抓好一个关键。两个要素分别是人才和信息化建设，这也是未来专利审查机构最重要的竞争要素。需要以人为本，建设高水平审查队伍，保持队伍的审查能力和稳定性；提高审查工作智能化便利化水平，做好审查系统智能化建设。一个关键是创新，需要持续推动理念更新、技术革新、工作创新，提高审查效能，更好地服务于国家战略，满足群众需求。

（三）强化专利申请质量监管，严格规范专利申请行为

抓好《关于进一步严格规范专利申请行为的通知》《关于规范专利申请行为的若干规定》落实工作，严厉打击不以保护创新为目的的非正常专利申请行为，促进专利申请质量提高。把好专利受理关口，加大非正常专利申请前端排查工作力度，发挥好专利审查的双向传导作用，提高专利授权确权质量。

（四）进一步拓宽专利审查领域对外交流深度广度

加强我国专利审查业务发展成果的宣传，提升我国专利检索和审查结果的国际认可度。开展世界主要专利审查机构审查政策和业务动态的追踪研究，进一步加强专利审查质量管理国际交流。继续深化 PPH 国际合作，做好 PPH 的推广和宣传，扩大 PPH 合作网络在共建"一带一路"国家和地区的覆盖范围。深化同共建"一带一路"国家和地区的专利审查业务合作，加强专利审查业务交流，提供专利检索、审查、培训等多样化服务，进一步推动审查成果的共享和利用。

"十四五"时期，专利审查工作将按照规划的实施路线图不折不扣做好落实，不断提高审查质量和审查效率，建设一流专利审查机构，抓好人才队伍建设和信息化建设，加强综合保障，为促进建设现代化经济体系、激发全社会创新活力、推动构建新发展格局提供更加有力的支撑。

精准聚焦建设一流商标审查机构
推进商标注册审查高质量发展

崔守东
国家知识产权局商标局局长

认真落实好《“十四五”国家知识产权保护和运用规划》（以下简称“十四五”知识产权规划）关于商标注册审查工作的任务部署，推动“十四五”时期商标事业高质量发展，是加强知识产权保护、建设一流知识产权审查机构的全局性、基础性、长期性工作，是当前和今后一个时期的重大任务。

一、“十三五”时期商标工作取得的成就

“十三五”时期，认真贯彻落实习近平总书记关于知识产权工作的重要指示论述和中央关于强化知识产权保护、加快知识产权强国建设的决策部署，以实施商标品牌战略为主线，以商标注册、保护和服务为重点，以地理标志商标精准扶贫和马德里商标国际注册为抓手，聚焦主业“提质增效”，全面推动实现商标审查能力由供不应需向整体平衡转变、商标审

查周期由追赶"第一梯队"向国际领先水平转变、商标审查质量由高效率审查向高质量审查转变、商标注册秩序由"事后处理"向"源头治理"转变、商标注册便利化水平由全国集中现场办理向足不出户全程网办转变、商标品牌战略目标由商标大国向品牌强国转变，商标工作步入高质量发展新阶段。

截至2020年底，先后建成5个商标审查协作中心，审查员由"十二五"期末的912人增至2200余人，总体审查能力是"十二五"期末的3.8倍。商标注册平均审查周期由"十二五"期末的9个月缩短至4个月，提前两年完成国务院部署的五年审查周期压缩目标，跻身相同审查制度下世界最快行列。设立地方商标业务受理窗口255个，商标网上申请开办全部36项业务，网上申请比例由"十二五"期末的69.1%增长至98.1%。我国有效注册商标量达3017.3万件，每万户市场主体有效商标拥有量从"十二五"期末的1335件增长至2180件。累计注册集体商标、证明商标7560件，其中核准注册地理标志商标3101件，注册区域品牌集体商标、证明商标192件。马德里国际注册年申请量由"十二五"期末的2321件增长至7553件，排名居全球第3位。商标注册便利化改革入选"全国深化'放管服'改革　优化营商环境典型经验"100例。

二、"十四五"时期商标发展形势

"十四五"时期，我国仍将处于发展的重要战略机遇期，世界正经历百年未有之大变局，知识产权国际环境、发展形势、目标要求正在发生深刻变化。商标品牌作为国家发展战略性资源和国际竞争力核心要素，在对内激励创新、对外促进开放，推动高标准市场体系建设，实现高水平科技自立自强，发展更高层次开放型经济，支撑构建以国内大循环为主体、国内国际双循环相互促进的新发展格局等方面的作用更加凸显。

做好“十四五”时期商标工作是党中央交给我们的重要任务。习近平总书记站在党和国家事业发展全局的战略高度，深刻阐述了加强知识产权保护工作的“五大关系”，精准概括了我国知识产权事业正在实现的“两个转变”，明确提出了六个方面的重要要求。要把高质量作为“十四五”时期商标注册审查工作的生命线、主旋律、硬任务，确保习近平总书记“提高知识产权审查质量和审查效率”“确保公共利益和激励创新兼得”“完善知识产权审查制度”等重要指示和殷切希望转变为商标工作的强大动力和生动实践，以实际行动和工作成效增强“四个意识”、坚定“四个自信”、做到“两个维护”。

实现商标工作高质量发展是经济社会发展的内在需求。市场主体对商标注册审查质量和效率有更高期许，新技术新业态给商标审查审理标准和差别化审查模式带来更高挑战，全媒体对促进商标注册审查体系和审查能力现代化提出更高要求。要充分发挥商标保护创新成果的法律作用，为消费者提供差异化商品的竞争作用，凝聚生产要素、提高核心竞争力的产权作用，加速推进商标品牌建设由规模速度型向质量效益型转变。

加强商标领域国际合作是应对国际形势变化的必要手段。国际上营造一流营商环境和创新环境的竞争日趋激烈，互联网、电商等蓬勃发展对全球商标制度的影响日益显现，必须进一步强化国际视野和世界眼光，统筹国内国际两个大局，在国内因素和国际因素的相互影响中思考谋划商标注册审查工作，对标国际最佳实践，推动中国品牌在国际公平竞争中成长为知名商标品牌，坚决维护国家主权、安全、发展利益。

三、“十四五”时期商标注册审查重点任务

商标注册审查是全面保护的重要基础。要锚定知识产权强国建设目标，坚持党对商标工作的全面领导，不断深化商标注册改革，持续提高商标审查审理效率，稳步提升商标审查审理质量，努力建成申请便捷、服务优质、保护高效的商标注册体系和世界一流的商标审查机构。

（一）持续提高商标审查审理效率

深入开展“精准改革年”活动。优化商标审查流程和审查资源配置，推进全周期、全领域审查审理周期压减。在商标注册平均审查周期稳定到 4 个月的基础上，将一般情形商标注册周期压缩至 7 个月，变更、续展首次审查周期压缩至 15 天，转让首次审查周期压缩至 1 个月，驳回复审案件平均审理周期压缩至5. 5 个月，同步压缩异议与评审复杂案件的审

查审理周期。

完善审查“绿色通道”制度。在总结疫情防控商标快速审查经验基础上，建立涉及国家利益和社会公共利益商标注册申请的快速审查机制，加强在商标领域对国家和社会公共利益的保护。完善商标评审、后续业务绿色通道。

（二）稳步提升商标审查审理质量

推进审查审理指南修订。修订发布《商标审查审理指南》，建立指南动态修改机制。通过统一标准，保障商标注册各环节法律适用统一、标准执行一致，促进商标注册全流程各业务深度融合，行政授权确权与司法审判标准协调。

加强商标申请领域源头治理。遏制不以使用为目的的恶意商标注册申请对注册秩序的干扰，对重点地区、重点企业和重点平台商标申请情况进行动态监测分析，研究规范新业态、新领域商标代理行为。加强舆情监测与正面宣传，引导商标申请数量及其增长趋势与经济发展水平相匹配，与市场主体增幅、增速相匹配，与商业活动实际需要相匹配。

强化打击商标恶意注册行为力度。在商标申请在先基本制度下，推动在商标审查审理程序中全面增强商标使用义务。构建全链条打击商标恶意注册行为常态化机制，综合运用注册程序内的规制手段和注册流程外的行政处罚措施，提高商标恶意注册行为成本，阻断商标恶意注册行为牟利路径，形成对商标恶意注册行为的有力震慑、有效规制。以专项行动为契机，推动建立打击商标恶意注册行政机关、司法机关、代理机构、行业协会、社会公众齐力共治格局。

加强商标领域意识形态风险管控。加强商标禁用词库建设应用，即时更新、规范标注、动态维护并在前端申请受理环节实现自动识别、自动标记、自动提示。完善地方商标审查协作中心、商标局两级不良影响商标全面筛查机制，完善重大不良影响商标快速处置机制，完善少数民族语言商标审查协作机制，严密防范重大不良影响商标核准注册。

全面推进商标审签机制改革。强化商标注册中央事权，全面实施商标审签机制改革，形成地方审协中心审查、审核，商标局审签的工作机制。理顺商标注册审查工作关系，通过统一审签提升审查标准执行一致性。

完善全流程审查审理质量管理体系。统筹各环节工作要点、程序标准、操作规范和时限要求，形成更加规范的工作机制。在商标审查审理指导委员会框架下建立各业务之间的沟通协调机制。优化完善全流程审查审理质量管理与评价体系，强化质量评价结果运用。

（三）提高审查智能化、便利化水平

加强商标信息化建设，确保系统安全稳定运行和网络安全。加快推进商标注册与管理平台立项建设，以智能审查和智能检索为核心，全面提升商标审查审理效率和质量。推进审查智能化基础设施建设，深化区块链、大数据、云计算、人工智能等新技术运用，为提高审查质量和效率提供支撑。

（四）充分发挥商标助力区域经济发展作用

加大区域品牌商标和地理标志商标普及推广力度，支持区域品牌通过集体商标、证明商标的方式加强品牌保护，提升产业集群区域品牌价值，助力区域经济发展。进一步完善我国集体证明商标制度，加强地理标志制度顶层设计，使地理标志商标法保护和专门法保护共同为保护我国特色产品、促进乡村振兴发挥积极作用。

（五）建设高水平商标审查队伍

深入开展“队伍建设年”活动。制定实施《国家知识产权局关于促进商标审查协作中心高质量发展的指导意见》，推动地方商标审查协作中心规范建设、有序运行、高质量发展，构建高质量可持续发展的商标审查协作格局。制定实施《商标审查员岗位等级管理办法》《商标局编制外人员管理办法》，完善审查员准入、培训、管理、使用、激励等制度，建设高质量可持续发展的商标审查队伍。

实现“十四五”知识产权规划蓝图，唯有实干笃行。“十四五”时期，我们将坚定信心，锐意进取，全力推动规划落实见效，续写新时代商标注册审查工作高质量发展新答卷。

优化知识产权运营服务体系
提高知识产权转移转化成效

雷筱云

国家知识产权局知识产权运用促进司司长

知识产权运营是运用制度、经营权利，提升和实现知识产权价值的有效手段，涵盖知识产权的布局培育、价值评估、转移转化、投融资、战略运用和专利导航等各个方面。“十三五”以来，知识产权运营服务体系建设持续加强，通过在完善机制、建设平台、培育机构、提升能力、强化监管等方面综合施策，促进知识产权转移转化，取得了显著成效。“十四五”时期，要认真贯彻落实习近平总书记关于知识产权工作的一系列重要指示批示精神，织密全国知识产权运用网，培育良好知识产权运营生态，提升知识产权转移转化效益，确保《“十四五”国家知识产权保护和运用规划》相关任务落地见效。

一、“十三五”时期我国知识产权运营工作量质齐升

《“十三五”国家知识产权保护和运用规划》就加强知识

产权交易运营体系建设作出专项部署。“十三五”以来，知识产权运营服务体系建设工作稳步开展。在平台方面，布局建设金融创新、军民融合、国际运营等功能性运营平台，在广东、山东等地支持建设区域性运营中心，在稀土、新材料等产业布局建设了一批产业运营中心，支持建设的各类运营平台达到19家。在机构方面，扶持一批重点知识产权运营机构，引领带动全国知识产权运营业态蓬勃发展。2019年，全国知识产权运营服务机构达到3208家，服务类型涵盖实施转化、金融投资、担保保险多个方面。在资本方面，包括六大国有银行在内的各类银行机构开展知识产权质押贷款业务，涉及的银行分支机构达到1400多家，较“十二五”期末翻两番。形成4个险种、16个产品的知识产权保险体系，2020年知识产权保险惠及4000余家企业，保额突破2000亿元。知识产权运营基金达到23只，多个被投企业成功挂牌科创板。2019年，我国纯专利资产的知识产权证券化实现新突破。在产业方面，支持南方电网、海尔集团等央企和行业龙头企业开展产业知识产权运营，提高产业知识产权自主可控水平。在产业园区建设知识产权服务业集聚区，打造“一站式”服务载体。在人才方面，开展进阶式培训，累计培养近400位知识产权运营骨干人才，为运营服务体系建设提供有力人才支撑。

在各项工作的有力带动下，“十三五”期间，我国知识产权运营效益大幅提高。全国专利转让、许可等运营活动次数达到126.7万次，是“十二五”时期的2.4倍。全国知识产权质押融资总金额达到7095亿元，比“十二五”时期翻了一番，受益企业数超过3万家。在沪深两地交易所发行知识产权资产证券化产品19只，发行金额超过60亿元。我国有效发明专利产业化率稳定在30%以上，企业有效发明专利产业化率均在40%以上。知识产权使用费进出口额由2015年的231.1亿美元提升至2019年的463.4亿美元，年均增长14.9%。130项获评中国专利金奖的专利产品，新增销售额超1万亿元。2019年，我国专利密集型产业增加值达到11.5万亿元，同比增长7%，占GDP比重达到11.6%。

二、“十四五”时期知识产权运营工作面临的形势和发展目标

习近平总书记深刻指出，当前，我国正在从知识产权引进大国向知识产权创造大国转变，知识产权工作正在从追求数量向提高质量转变。要将认识知识产权发展“两个转变”的重要论述摆在我国已转向高质量发展阶段和构建新发展格局的时代坐标中去思考和把握。“十四五”时期是国家知识产权战略纲要收官，全面开启知识产权强国建设新征程的第一个五年。一方面，要树立质量导向，破除数量情结，下大力气提高知识产权质量，协同发挥各类知识产权作用，提高经济创新力和竞争力，大力发展专利密集型产业、商标品牌经济和地理标志产业，在更大程度上实现知识产权价值，在知识产权领域实现全方位高质量发展。另一方面，要围绕实现科技自立自强，发挥社会主义市场经济条件下新型举国体制

优势，积极参与打好关键核心技术攻坚战，加强关键领域自主知识产权创造和储备，发挥知识产权制度对于完善技术要素市场化配置的基础性作用，畅通知识产权资源有序流动和高效配置的国内大市场。同时，发挥知识产权作为国际通行规则的重要作用，以知识产权链接全球创新资源，为联通国内国际市场提供有力支撑。

“十四五”时期，我国知识产权运营工作的主要目标是，知识产权转移转化体制机制更加完善，知识产权流转更加顺畅，知识产权转化效益显著提高，有效支撑产业转型升级和新兴产业发展，促进构建新发展格局。

三、“十四五”时期优化知识产权运营服务体系建设的重点任务

“十四五”期间知识产权运营服务体系建设工作的总体思路是，充分发挥市场配置资源的决定性作用，优化技术、数据、资本等要素市场化配置，推动知识产权向现实生产力转化。坚持改革创新，以促进知识产权转化实施为主线，拓宽知识产权运营渠道。坚持协同推进，综合提升交易、金融、评估等运营服务供给能力。

（一）建立健全知识产权运营管理制度，完善转移转化体制机制

一是强化知识产权转移转化激励。指导国有企事业单位深化职务发明专利的使用权、处置权和收益权改革，完善处

置流程和收益分配机制，加强对发明创造者的利益激励与产权激励。配合有关部门做好赋予科研人员职务科技成果所有权或长期使用权试点工作，完善知识产权相关配套管理和服务。

二是建立健全知识产权运营制度机制。完善知识产权转让登记、许可备案管理制度，指导用好知识产权许可相关合同范本和指引，有序促进许可行为。建立健全专利开放许可服务机制，提升专利许可声明、定价、对接等配套服务能力，提高开放许可制度运行效能。鼓励高校院所参与开放专利许可活动，降低许可交易风险和成本，提高许可效率。

三是加强知识产权运营活动监管。加强知识产权运营相关信用信息共享和联合惩戒，规范知识产权交易市场。建立健全财政资助科研项目形成知识产权的声明制度，做好相关知识产权数据采集、信息标注和跟踪监测，为其质量评价、绩效分析和科学管理提供支撑。加强知识产权领域联盟类组织治理工作，严格监管、分类施策，配合有关部门依法打击非法行为。

（二）加强知识产权运营平台等载体建设，优化转移转化服务供给

一是健全知识产权运营平台（中心）管理机制。优化全国知识产权运营平台建设布局，加强互联互通和资源共享，避免重复投入、重复建设。明晰区域和产业知识产权运营中心定位，突出区域运营中心的公共属性、发挥辐射作用，提高产业运营中心的专业能力、突出行业特色。加强对知识产

权运营平台（中心）的日常监督，规范交易服务行为和分支机构设立，强化运行情况统计监测。

二是促进知识产权运营服务能力提升。围绕国家重大区域战略和重点产业领域，培育一批产业特色明显、能力突出的行业龙头类知识产权运营机构，打造知名服务品牌。发展专利、商标与地理标志综合服务机构，支持企业创新能力、区域优势和商誉信誉的综合提升。发挥知识产权运营服务在促进人才流动与支持扩大就业中的作用。

三是拓宽知识产权运营供需对接渠道。深入实施专利转化专项计划，依托高校院所知识产权和技术转移中心、产业知识产权运营中心等载体，集中发布专利技术供给信息。以中小企业集聚区域为重点，组织高校院所、国有企业深入中小企业开展专利技术转化实施对接活动。发挥知识产权相关展会作用，创新组展方式，打造若干有影响力、有特色的展会品牌，促进知识产权资源和服务资源对接。

（三）深化和拓展知识产权金融服务，加大转移转化投入支持

一是完善知识产权质押融资政策。建立健全政府引导的知识产权质押融资的风险分担和补偿方式，充分发挥质押融资风险补偿基金的作用，优化补偿机制和质物处置流程。深入开展知识产权质押融资入园惠企行动，广泛组织银企专项对接。推动银行业金融机构用好单列信贷计划和优化不良率考核等监管政策，建立适应知识产权融资特点的授信尽职和内部考核管理模式。修订《专利权质押登记办法》，完善知识

产权质押登记制度。

二是鼓励知识产权金融产品和服务创新。加强政银合作，支持银行业金融机构在知识产权金融方面研发新产品、探索新业务。有序发挥知识产权证券化融资功能。优化知识产权保险产品，完善知识产权保险服务，扩大保险覆盖范围。充分发挥知识产权运营基金的引导作用，支持重点产业转型升级。引导风险投资更多投向拥有高价值知识产权的企业。

三是健全知识产权评估体系。制定并推广知识产权评估相关规范指引。运用大数据和智能化技术，提升知识产权评估服务的规范化、专业化、智能化水平。鼓励针对不同应用场景开发知识产权评估工具，围绕转让交易、投资融资等需求，提供规范、便捷的知识产权评估服务。加强知识产权转让许可数据采集分析，强化知识产权运营数据开放，为知识产权评估提供基础支撑。

（四）促进产业知识产权协同运用，提高产业核心竞争力

一是完善专利导航工作体系。制定出台加强专利导航工作的政策文件，指导地方建立健全产业专利导航工作机制。推动贯彻实施《专利导航指南》系列国家标准，规范专利导航的组织实施及成果运用。组织实施重点产业专利导航项目，支撑关键核心技术攻关，助力产业链稳定安全。加强专利导航服务基地建设，强化专利导航人才培养，创新专利导航服务产品，筑牢专利导航工作根基。推动构建专利导航成果共享机制，打造一站式专利导航工作平台，促进专利导航成果

有效运用，提升专利导航工作效能。

二是深化产业知识产权运营。鼓励企业牵头构筑产业专利池，降低专利许可交易成本，提高产业链知识产权协同运营水平。研究推进专利与标准融合创新试点，推动专利布局与标准研制融合，抢占产业竞争制高点。制定标准必要专利许可指南，规范引导标准必要专利披露、管理和许可行为。健全知识产权军民双向转化工作机制，激发国防科技工业领域知识产权转化新活力。

三是加强创新主体知识产权运营。推动企业、高校、科研组织加强知识产权管理体系标准化建设，深入开展高等学校知识产权试点示范工作，培育知识产权优势示范企业。鼓励有条件的创新主体建设市场化知识产权运营机构，加强知识产权运营专业化人才队伍建设，建立融入研发经营全过程的知识产权运营机制。推动完善知识产权相关会计信息披露机制，引导企业做好知识产权资产会计核算，规范管理知识产权资产。加强科创板上市企业知识产权辅导和服务，推动上市公司加强知识产权管理和运营。

推进工业和信息化行业知识产权保护与运用迈上新台阶

毕开春

工业和信息化部科技司一级巡视员

“十三五”期间，工业和信息化行业知识产权推进工作取得积极成效。《“十四五”国家知识产权保护和运用规划》（以下简称“十四五”知识产权规划），对我国知识产权事业发展作出了系统谋划和战略布局。面对新的国际形势和国内高质量发展要求，要以“十四五”知识产权规划为行动指南，在总结经验的基础上，深入推进行业知识产权保护与运用工作。

一、“十三五”时期取得的成效

（一）行业知识产权创造与运用能力显著增强

2019 年，我国规模以上制造业每亿元主营业务收入有效发明专利数为 1.25 件，较“十三五”原定目标高出 78.6%，知识产权创造能力显著增强。根据企业提供的知识产权数据，2019 年，知识产权运用试点企业实现知识产权转让许可收入达 124.4 亿元，质押融资和作价投资额分别达到 42.2 亿元和 8.4 亿元，知识产权运用手段更加多样。

（二）重点行业知识产权保护力度明显提升

知识产权保护方面，我国重点行业海外知识产权风险应对能力不断提升。2019 年以来，在钢铁、动力电池、LED 等行业，我国企业在行业协会和产业联盟的组织协调下，成功应对多起海外知识产权诉讼案件。积极开展打击网络侵权盗版专项治理“剑网”行动等，净化网络版权环境，优化知识产权保护关键环节，2018 年、2019 年国内较大品牌计算机的正版操作系统预装率达到 100%。

（三）企业知识产权能力建设持续深入推进

“十三五”期间，深入实施中小企业知识产权战略推进工程和《制造业知识产权行动计划（2018—2020 年）》，在工业企业知识产权运用试点培育工作中共培育 189 家制造业单项冠军企业和 2813 家知识产权运用试点企业，极大地推动了中小企业知识产权能力的提升，激发了工业和信息化领域知识产权创造和运用活力，大幅度提升了工业企业知识产权管理和风险防控能力，持续推进了制造业重点领域企业知识产权能力建设。

二、“十四五”时期的发展形势

“十四五”期间，在复杂的国际环境大背景下，我国制造业高质量发展对行业知识产权工作提出新的要求。一是产业科技创新成为国际战略博弈的主战场，亟需加大高质量知识产权供给，突破关键核心技术瓶颈制约，提升企业创新能力，保障产业链供应链安全稳定和质量提升。二是新一代信息技术与传统产业日益呈现融合发展趋势，产业协同创新逐渐成为主流，产业数字化转型对知识产权跨行业的协同运用和保护工作带来新的挑战。三是企业知识产权意识与管理水平有待提升，特别是中小企业的知识产权风险防范和应对能力还不足。

为深入贯彻落实“十四五”知识产权规划，有序推进工业和信息化领域知识产权工作实施，应坚持创新引领、市场导向、同等保护、统筹协调的原则，立足新发展阶段、贯彻新发展理念、构建新发展格局，推动制造业高质量发展，面向产业基础再造和产业体系现代化需求布局高质量知识产权，强化制造业知识产权创造、运用和保护。要以市场为导向、企业为主体，以提升制造业竞争力为主攻方向，围绕制造业重点领域短板和弱项深化知识产权协同运用，强化产业知识产权保护和风险应对，助力关键核心技术研发和企业技术创新能力提升，充分发挥知识产权对制造强国建设和网络强国建设的支撑作用。

三、“十四五”时期的重点任务

“十四五”知识产权规划以提升知识产权保护和运用能力为出发点和落脚点，以加强保护、促进创新为核心，推动优化知识产权保护的政策环境，提升成果转化及产业化成效，构建知识产权服务体系，推进知识产权国际合作。围绕上述要求，要大力推动落实以下方面的重点工作。

（一）加强重点领域知识产权高质量创造与布局

一是建立重点领域高价值专利培育和储备机制，在制造业重点领域，引导企业布局形成一批技术创新性突出、保护范围合理稳定、市场发展前景好、竞争力强的高价值专利。

二是支撑产业基础能力提升。在产业基础领域开展知识产权布局研究，推动组建产业知识产权联盟，构筑和运营专利池。深入开展专利“微导航”工作，组织专业力量帮助重点领域企业完善关键环节的技术路线设计和规划，提升布局精准度，引导关键核心技术研发。

三是推动建立适应创新发展需求的知识产权审查管理体系，探索国家知识产权局与工业和信息化部协作机制，加强审查与产业发展的政策协同和业务联动，服务关键核心技术研发，助力布局高质量知识产权。

（二）强化重点领域知识产权保护和运用

一是发挥行业协会和产业联盟的自律作用，建立纠纷协调机制，引导建立行业知识产权诚信体系和知识产权保护白名单制度，推动建立行业商业秘密保护规范。研究跨行业融合背景下的知识产权问题，推动完善企业知识产权创造、保护与运用制度，营造公平有序的创新创业和营商环境。

二是参与完善知识产权对外转让审查制度。强化关键核心技术知识产权保护和风险防控能力，加强重点领域知识产权保护状况跟踪监测，发布重点领域知识产权保护状况报告，建立和完善行业知识产权风险评估和预警机制。引导知识产权专业机构开展数字经济等新领域新业态知识产权保护研究。

三是持续深入推进工业和信息化行业知识产权协同运用，健全产学研用协同创新机制，推动高校、科研机构建立技术转移和知识产权运营机构，促进科技成果在行业、地方转移转化，提高知识产权产业化运用水平。发挥重点领域知识产权联盟协调作用，推动建立依法依规的联盟内部知识产权交叉许可和共享机制。

四是依托制造业集聚区培育发展知识产权密集型产业集聚区，提升重点领域制造业集聚区知识产权管理效率和水平。推动专业知识产权服务与区域产业融合发展，引导知识产权服务对接重点产业、重大项目，支持知识产权专业机构提供专业化、全链条、一站式的知识产权服务。

（三）持续推动中小企业提升知识产权能力

一是实施中小企业知识产权战略推进工程，鼓励有条件的地方、集聚区、产业集群所在地推动落实工业和信息化领域知识产权金融服务政策，促进知识产权转化，支持一批中小企业开展知识产权质押融资、证券化、信托、保险等新型知识产权服务业务。协助企业制定知识产权战略及管理制度，加强立项、研究开发、采购、生产、销售和售后等各环节的知识产权管理。

二是持续推进工业企业知识产权运用试点工作，完善申报系统、及时更新数据。通过制造业知识产权大课堂等品牌活动，组织专业机构面向企业开展培训。推动中小企业与知识产权服务平台、行业专家等社会资源对接，完善中小企业知识产权咨询服务体系。引导行业骨干企业加强内部专利、著作权、商标和技术秘密等知识产权的统筹管理。

三是在重点领域、产业集聚区开展专利导航，解决知识产权规划布局、风险分析、纠纷应对等企业关切的问题。引导企业、科研机构、行业协会等实施专利导航国家标准，突出专利导航服务、评价、培训、组织实施的标准化引领。

（四）深化工业和信息化领域国际知识产权合作

一是加强与世界知识产权组织等国际组织合作，支持行业开展国际知识产权合作，加强跨行业融合背景下的知识产权运用策略研究，引导企业参与国际知识产权规则制定。

二是积极参与“一带一路”沿线、RCEP 成员等有关国家和地区的知识产权合作活动，推动建设工业和信息化行业知识产权国际交流合作平台，营造促进知识产权创造、保护与运用的国际发展环境。

加强版权保护　促进创新发展

汤兆志
中央宣传部版权管理局副局长、一级巡视员

一、“十三五”时期版权工作取得显著成就

“十三五”期间，在习近平新时代中国特色社会主义思想指导下，我国版权工作围绕中心、服务大局，紧扣强化版权创造、保护和运用主题，取得显著成就，为贯彻创新驱动发展战略和全面建成小康社会贡献力量。一是版权法律制度体系更加完善。完成《著作权法》第三次修订，印发《关于加强网络文学作品版权管理的通知》《关于规范摄影作品版权秩序的通知》《关于进一步做好著作权行政执法证据审查和认定工作的通知》等规范性文件，版权工作法制化水平显著提升。二是版权执法监管体系不断健全。全国各地版权行政管理部门将强化日常监管和开展专项整治相结合，不断加大对侵权盗版的惩治力度，有效打击各类侵权盗版行为，为文学、艺术和科学作品的创作、传播以及版权产业的健康发展提供了

有力的支撑和保障。三是软件正版化工作持续深入推进。政府机关、国有企业、金融机构软件正版化工作得到有效巩固，文化、教育、卫生、新闻出版等重要行业和领域软件正版化工作取得重要进展，软件正版化长效工作机制不断健全。四是版权社会服务体系日益完善。著作权登记工作规范化标准化信息化水平不断提升，著作权登记量增长迅猛。版权示范建设工作有效地发挥了促进自主创新、提升创新能力、推动区域经济转型升级及版权产业发展的引导作用，我国版权产业创新能力和核心竞争力进一步增强。五是涉外版权交流与合作不断深化。推动建立以合作共赢为核心的新型多双边版权关系。积极参与版权国际规则制定，持续巩固与世界知识产权组织等国际组织的交流合作，推动《视听表演北京条约》生效。着力提升涉外版权保护水平，切实维护中国版权企业的海外权益。

二、“十四五”时期版权工作面临的新形势

“十四五”时期，版权作为国家发展战略性资源和国际竞争力核心要素的作用将更加凸显，版权产业在国民经济发展中的地位将更加重要，社会公众对版权工作的期望将更高，人工智能、大数据、区块链等新技术发展与应用给版权工作带来新的机遇和挑战。此外，世界百年未有之大变局加速演变，新一轮科技革命和产业变革深入发展，全球治理体系处于深刻变化之中，知识产权已成为国际博弈和实施贸易保护

的工具，这对版权工作提出更高的要求和挑战。做好版权工作，需要准确把握新发展阶段，深入贯彻新发展理念。全面提升我国版权治理水平，大力激发全社会创新活力，加快建设中国特色、世界水平的版权强国，对提升国家核心竞争力，满足人民群众日益增长的美好生活需要，加快构建新发展格局，推动高质量发展，具有重大而深远的意义。

三、"十四五"时期版权工作的重点任务

"十四五"时期，版权工作要以习近平新时代中国特色社会主义思想为指导，以习近平总书记关于全面加强知识产权保护系列重要讲话精神为主线，全面贯彻落实党中央、国务院决策部署，坚持稳中求进、守正创新，坚持全面保护、质量优先，坚持开放合作、统筹协调，加快完善具有中国特色的版权治理体系，以版权强国建设为中心目标，以全面加强版权保护、加快版权产业发展为基本任务，以进一步完善版权工作体系为主要措施，不断提升版权工作水平和效能，推进版权治理体系和治理能力现代化。到 2025 年，版权重要领域和关键环节改革上取得突破性进展，版权法律制度体系更加完善，版权工作法治化水平大幅提高。版权社会服务能力明显提升，版权产业高质量发展成效明显。版权执法监管不断加强，版权保护水平显著提升，版权社会环境和尊重版权的营商环境明显优化。版权涉外工作深入推进，在国际版权体系中的话语权、影响力和传播力不断增强。版权宣传培训

持续开展，版权保护社会满意度保持较高水平。

（一）进一步完善版权法律制度体系

积极开展制定、修订著作权法配套行政法规、部门规章，指导地方著作权立法工作，推进有关著作权国际条约的磋商制定、批准和实施工作，进一步提高版权工作法制化水平。一是制定、修订《著作权法实施条例》《著作权集体管理条例》《信息网络传播权保护条例》《民间文学艺术作品著作权保护条例》等著作权法配套行政法规以及相关部门规章和规范性文件，推动国内著作权法律法规与我国已参加的国际公约的协调和对接。二是推进有关著作权国际条约的批准和磋商制定工作，深度参与世界知识产权组织框架下全球版权治理，积极推进《马拉喀什条约》等国际版权条约的批准及落地实施。三是指导地方著作权立法工作，加强工作指导和业务支持，鼓励各地在立法权限范围内因地制宜制定地方性法规和规章，保障各项著作权法律法规在各地区的有效实施。

（二）进一步完善版权行政执法体系

坚持全面加强版权保护，加大版权执法监管力度，做好行政执法与刑事司法有效衔接，重点突出大案要案查处和重点行业专项治理，营造和维护尊重版权的社会环境。一是深化版权行政管理机构改革，充分发挥中央和省级版权行政管理机构的组织、部署、协调、指导和监督检查职责。二是充分发挥行政执法优势，加大行政执法力度，提升版权执法效能，开展关键领域、重点环节、重点群体行政执法专项行动，建立重点关注市场名录，完善版权快速维权与维权援助机制。三是推动新业态新领域版权保护，持续开展打击网络侵权盗版专项治理"剑网"行动。四是加强版权执法协作，进一步加强对文化市场综合执法机构的协同和指导。五是强化社会监督共治，广泛借助社会力量，逐步构建社会共治的版权保护机制。

（三）进一步完善使用正版软件工作体系

充分发挥推进使用正版软件工作部际联席会议制度优势，加强统筹协调、督促检查、服务指导和宣传培训，完善软件正版化工作监管体系，巩固政府机关软件正版化工作成果，持续深入推进企事业单位软件正版化工作，推动重要行业和重点领域软件正版化工作制度化规范化。一是巩固完善软件正版化工作制度，坚持巩固推进《政府机关使用正版软件管理办法》等软件正版化工作制度。二是完善软件正版化工作监管体系，以制度建设、软件采购、使用管理、日常检查、年度报告和考核评议为基础，加强软件正版化工作日常监管。三是开展软件使用情况年度核查，进一步加强督促检查和考核评议力度，完善软件正版化工作考核评价体系，加大督查考核结果通报和问责力度。

（四）进一步完善版权社会服务体系

优化版权社会服务体制机制，引导和规范版权社会服务机构建设，全面提升版权社会服务能力。一是提升著作权登记社会服务水平，不断完善著作权登记体制机制，逐步规范作品登记、计算机软件著作权登记等工作。二是增强著作权集体管理社会服务能力，进一步完善著作权集体管理的法律政策，推进著作权集体管理活动规范化和透明化。三是加强涉外著作权认证工作，不断完善境外著作权认证流程、标准和条件等制度。四是加强对版权社会组织的支持和管理，充分发挥各类各级版权社会组织的作用，全面提升版权社会组织的规范化水平。五是加强版权宣传教育工作，建设常态化、立体化和精准化的版权宣传机制，不断提升版权宣传的生动性和有效性，增强全社会版权保护意识，营造尊重版权的良好文化氛围。

（五）进一步完善版权涉外工作体系

继续加强版权多双边合作，积极参与版权国际规则构建，进一步提升版权国际话语权，营造良好版权国际环境，提高中华文化影响力。一是加强版权多双边合作应对，进一步提升版权国际影响力和话语权，推动建立更加平衡有效的国际版权体系。二是着力强化版权涉外宣传工作，扩大版权对外宣传力度、深度和广度，进一步提升版权国际传播力，助力提高国家文化软实力和影响力。三是建立健全版权国际贸易服务机制，进一步加强版权产业国际运营能力，为版权产业“走出去”保驾护航。四是深入推进版权国际化人才队伍建设，进一步加大人才培养力度，强化版权涉外统一管理，提升版权国际问题研究能力。

（六）进一步完善版权产业发展体系

积极推动完善版权产业发展制度和政策，发挥版权在市场要素配置中的基础性作用，促进版权创造和运用，实现由数量和速度向质量和效益转变，推动版权产业高质量发展。一是深化版权示范创建工作，继续开展全国版权示范城市、示范单位和示范园区（基地）创建工作，完善全国版权示范工作相关管理规定和措施。二是推进国家版权创新发展基地建设，总结、提炼和推广国家版权创新发展基地的可复制经验，提升其引领和辐射作用。三是打造全国版权展会授权交易体系，大力推动版权成果的转化和运用，推动版权工作与各相关产业深度融合发展。四是积极推进版权交易中心建设，巩固和提升国家（国际）版权交易中心和贸易基地在促进版权产业发展中的地位和作用。

"十四五"时期，让我们更加紧密地团结在以习近平同志为核心的党中央周围，进一步增强"四个意识"、坚定"四个自信"、做到"两个维护"，不忘初心，牢记使命，奋力开创新时代中国版权事业新局面，为全面建设社会主义现代化国家、实现中华民族伟大复兴作出新的更大贡献。

提高知识产权公共服务能力 促进创新成果惠及人民

王培章
国家知识产权局公共服务司司长

知识产权公共服务在知识产权全链条中具有并发挥基础性、保障性作用。“十四五”时期，要立足新发展阶段，紧扣高质量发展要求，切实提升知识产权公共服务能力，提高社会公众和创新主体的满意度和获得感，优化营商环境和创新环境，为知识产权强国建设提供强有力支撑。

一、“十三五”时期知识产权公共服务工作取得的成就

“十三五”时期，各级知识产权管理部门认真贯彻落实习近平总书记关于知识产权工作的重要指示精神，按照党中央、国务院有关知识产权工作的决策部署，以“全链条服务、服务全链条”为理念，强化政府公共服务职能，知识产权公共服务工作取得明显成效。知识产权公共服务顶层设计进一

步完善，各级公共服务政策体系基本健全，各地知识产权公共服务意识和服务能力水平持续提升。知识产权公共服务体系建设扎实推进，立体化、多层级的知识产权信息公共服务体系初步形成，公共服务骨干节点覆盖率持续提升，省（区、市）、副省级城市、计划单列市覆盖率达到91%，地级市覆盖率达到27%，公共服务主渠道作用日益凸显；广泛动员社会力量参与知识产权公共服务工作，建设51家世界知识产权组织技术与创新支持中心（TISC），为创新主体提供精准化、高质量的知识产权信息服务，建设60家高校国家知识产权信息服务中心，为高校知识产权的创造、运用、保护和管理提供全流程服务。知识产权信息传播利用效能不断提高，基础数据开放力度、信息利用意识和能力持续提升，向全社会开放专利基础数据34种，商标基本信息5100多万条，专利和商标累计下载数据量分别达到746. 7T和351. 7T。知识产权公共服务信息化基础设施建设取得进展，国家知识产权公共服务网上线运行，提供各类知识产权业务办理、信息查询、数据下载等一站式服务，初步实现"一网通办"，访问量达81万人次；部署新一代地方专利检索及分析系统，进一步提高各级知识产权管理部门对社会公众和创新主体的信息公共服务能力，注册用户总数达29674人，其中高级用户有6189人。

二、"十四五"时期知识产权公共服务工作面临的形势

我国正处于实现中华民族伟大复兴的关键时期，国际科

技创新竞争日趋激烈，建设创新型国家和实现高质量发展的要求日益迫切。随着知识产权强国建设的推进，知识产权在支撑我国经济结构转型升级和高质量发展方面的作用日益凸显。在此背景下，社会公众和创新主体对知识产权公共服务的需求得到充分激发，对知识产权确权和保护的需求渐趋多样化，对知识产权管理和服务的要求不断提高，知识产权公共服务高质量发展面临现实而紧迫的客观要求。然而，我国知识产权公共服务体系不完备、基础设施信息化智能化水平不高、对信息资源战略性价值的促进作用发挥不充分、公共服务标准不健全、公共服务产品匮乏等问题仍然存在，满足社会公众和创新主体日益专业化、多元化知识产权公共服务需求的任务仍然艰巨，知识产权公共服务发展基础和保障存在短板。

2020 年 11 月 30 日，习近平总书记在主持中共中央政治局第二十五次集体学习时强调，要形成便民利民的知识产权公共服务体系，构建国家知识产权大数据中心和公共服务平台，及时传播知识产权信息，让创新成果更好惠及人民；要加强知识产权信息化、智能化基础设施建设，推动知识产权保护线上线下融合发展。习近平总书记有关知识产权公共服务工作的重要指示精神，为“十四五”时期做好知识产权公共服务工作提供了根本指引和路径遵循。这就要求我们从破解发展难题、厚植发展优势出发，以推动知识产权公共服务高质量发展为主线，以信息的便利化服务为重点，以提高社会公众和创新主体的满意度和获得感为根本目的，推动知识产权公共服务工作乘势前进。

三、“十四五”时期知识产权公共服务工作的重点任务

《“十四五”国家知识产权保护和运用规划》（以下简称“十四五”知识产权规划）明确提出，要提高知识产权公共服务能力。“十四五”期间，必须坚持稳中求进工作总基调，坚持政府主导下的多元参与、以人民为中心、系统观念、质量导向、强基础补短板的工作原则，重点做好以下几个方面的工作。

（一）加快知识产权新型基础设施建设

“十四五”时期是积极推动知识产权新型基础设施大建设、大发展、大演进的关键期，是依托现代信息智能技术改造升级传统基础设施的加速期，要围绕提高信息化、智能化水平，统筹建设集成互联、智能安全的各级各类知识产权公共服务平台。

一是建设国家知识产权大数据中心和知识产权公共服务平台。“十四五”知识产权规划设置知识产权公共服务信息化智能化建设工程，对加快建设国家知识产权大数据中心和公共服务平台作出任务部署，要充分发挥大数据、云计算、人工智能等现代信息技术在公共服务中的“赋能增效”作用，为实现数据开放共享、多维度挖掘分析和业务协同奠定坚实

基础。国家知识产权大数据中心作为知识产权信息的汇集中枢和传输枢纽，着力解决长期存在的知识产权数据与相关数据分散化、碎片化带来的“信息孤岛”问题，通过建设数据采集系统，汇聚各类知识产权基础数据、国际交换数据和部委共享数据，为国家知识产权公共服务平台和各地知识产权公共服务平台提供数据支持；建设数据分析系统和相关专题数据库，利用新技术及时跟踪更新知识产权申请注册、公布公告、纠纷调解、质押许可、司法裁定文书等信息，满足创新态势分析、侵权监测、风险预警、技术路线选择等多样化应用需求。国家知识产权公共服务平台聚焦知识产权业务服务、政务服务和信息服务平台建设一体化，强化功能设计和运行管理模式创新，对接国家统一政务服务平台，为政府机构、社会公众和创新主体提供一站式智能查询检索、数据开放、智能咨询、法律法规库、教育培训等服务，推进知识产权业务服务、政务服务和信息服务“一网通办”。

二是支持地方知识产权公共服务平台和专题数据库建设。统筹协调推进地方知识产权公共服务平台建设，推动解决地方平台重复建设、利用率低等问题，真正实现各平台的差异化和特色化。围绕知识产权密集型产业、战略性新兴产业、数字经济核心产业等重点产业和关键核心技术，建设知识产权专题数据库。推进区域知识产权公共服务平台与国家知识产权公共服务平台实现用户、数据、资源互联共享，助推区域协同发展。

三是加强知识产权网络安全建设。加快构建多层次、立体化、主体责任清晰、工作任务明确的网络安全防护工作体系。加强重要领域的知识产权数据资源、重要网络和信息系统安全保障。统筹管理知识产权数据信息开放与个人信息保护，明确知识产权信息差异化使用权限。建立网络安全工作督办机制，扎实开展网络攻防演练。完善信息安全应急处理和灾备预案。强化网络安全的技术保障。

（二）完善知识产权公共服务体系

"十四五"时期，要着眼于推进知识产权制度更好运行的时代要求，对知识产权公共服务体系运行机制、骨干节点建设、重要服务网点布局作出系统部署，加快建成横向联系紧密、服务相互支撑、门类功能完善的知识产权公共服务体系。

一是健全知识产权公共服务支持创新工作机制。通过优化知识产权公共服务运行机制，充分发挥其对知识产权全链条的基础保障和服务支撑作用，激发创新动力和活力。注重发挥不同层级和类别公共服务机构的优势特点，各展其长、紧密合作，健全各级各类公共服务机构经验交流、服务协作和成果共享机制，统筹推动不同部门、不同层级、不同区域知识产权公共服务内容有效衔接，形成知识产权信息公共服务业务"共振"效应、"叠加"效应。充分考虑城乡差异和区域发展差异，搭建跨地区知识产权公共服务协同协作机制，加强区域间知识产权公共服务资源整合和互联互通。健全完善知识产权公共服务国际交流合作机制。积极参与制定知识产权数据保护运用的国际标准。建立健全知识产权涉外风险预警防控公共服务体系。

二是强化知识产权公共服务骨干节点建设。针对部分省市存在对骨干节点的职责和任务认识不够清晰的现象，引导各骨干节点结合自身条件找准定位，进一步发挥其在知识产权公共服务体系中承上启下、率先示范的领头羊作用。推动省级知识产权公共服务机构提升服务能力和水平，在促进辖区内重点产业创新能力提升、指导企业海外维权、开展知识产权价值评估等领域提供特色化、差异化公共服务。支持有条件的地级市和县（市、区）通过自建、联建、共建等形式建立综合性知识产权公共服务机构，统一提供知识产权政策咨询、信息服务、公益培训等公共服务。

三是健全完善知识产权公共服务网点布局。在前期工作基础上，以需求为导向，因地制宜，统筹开展知识产权公共服务网点布局整体设计，有效发挥现有服务网点作用，同时整合利用更广泛的社会资源。推动形成以国家知识产权局直属单位、知识产权保护中心、专利审查协作中心、商标审查协作中心、专利代办处、世界知识产权组织技术与创新支持中心、高校国家知识产权信息服务中心、国家知识产权信息公共服务网点等为重要网点，以商标业务受理窗口、省级知识产权信息公共服务网点、省级品牌指导服务站以及其他从事公共服务的机构为一般网点的立体化布局，解决知识产权公共服务的“最后一公里”问题。推动高校、科研院所、公共图书馆、科技情报机构、各类科技与创新园区、各行业社团组织及其他社会化服务机构等纳入知识产权公共服务网点。世界知识产权组织技术与创新支持中心、高校国家知识产权信息服务中心、国家知识产权信息公共服务网点要发挥示范引领作用，在提供基本公共服务的同时，积极开展特色化、差异化服务，有力支撑科技创新和专业人才培养，助力经济社会高质量发展。专利审查协作中心、商标审查协作中心等机构，要围绕自身优势，发挥服务区域创新型经济发展和促进区域品牌发展作用。支持引导知识产权保护中心、海外知识产权纠纷应对指导中心等机构拓展并加强维权援助、公益培训、信息服务等公共服务功能。一般网点主要开展知识产权信息查询、检索、咨询、培训等基础性服务。强化知识产权综合业务受理窗口、商标业务受理窗口等各类窗口的知识产权政策宣传、知识产权业务咨询等公共服务功能。

（三）提高知识产权公共服务供给

强化知识产权公共服务供给是提高知识产权公共服务能力的重要工作抓手。要立足于“我国正在从知识产权引进大国向知识产权创造大国转变，知识产权工作正在从追求数量向提高质量转变”的历史方位，持续提升社会公众和创新主体的满意度和获得感。

一是优化拓展知识产权公共服务资源。着力解决公共服务资源分散、供给与需求适配性差等问题，扩大公共服务资源有效供给，推动形成知识产权公共服务有机统一体。突出政府在知识产权公共服务供给保障中的主体主导地位，推动知识产权公共服务提供主体多元化、服务方式多样化。推进知识产权数据资源的提质扩容，在法律法规许可范围内和确保数据安全的基础上，实现知识产权基础数据全面开放，形成数据共建、共享、共用工作格局。强化知识产权信息资源的开发与管理，加强知识产权基础数据开发、加工、利用。推动人工智能、区块链等新技术在知识产权数据开发领域的应用。

二是统一知识产权公共服务标准。填补知识产权公共服务标准规范工作空白，解决目前知识产权公共服务缺乏统一标准规范问题，建立知识产权公共服务事项清单及清单动态管理机制，及时向社会公开知识产权公共服务事项标准化工作流程和办事指南。推广应用《知识产权基础信息数据规范》，促进知识产权基础数据标准化、规范化。建立健全基础数据采集、标引、存储、传输、管理、应用等行业及国家标准，打通数据共享交换标准规范方面的堵点和瓶颈。

三是提升知识产权信息传播利用效能。强化知识产权信息传播利用，进一步推动知识产权数据转化为现实生产力。拓展知识产权信息传播利用渠道，创新知识产权信息传播利用方式，运用数字技术推动知识产权信息传播利用手段、模式和理念创新。提升知识产权信息传播利用能力，分层分类指导各类节点和网点积极开展信息传播利用相关培训，提升社会公众和创新主体对知识产权信息的分析利用能力。鼓励支持各级政府财政资助知识产权信息检索分析、专利导航、风险预警等专题研究项目，并及时发布研究成果，助力社会公众和创新主体提升创新能力，提高知识产权全链条保护水平。

加强知识产权保护国际合作
服务高水平对外开放

白光清
国家知识产权局国际合作司司长

《“十四五”国家知识产权保护和运用规划》（以下简称“十四五”知识产权规划）在全面总结成绩，科学研判形势的基础上，将“推进知识产权国际合作，服务开放型经济发展”作为“十四五”时期知识产权保护和运用工作的重要内容，提出了一系列新要求，明确了发展思路和重点任务，对统筹国内国际两个大局、统筹推进知识产权领域国际合作和竞争作出重要部署，是做好“十四五”时期知识产权国际合作工作，更好服务创新发展、服务对外开放的纲领性文件。

一、“十三五”时期知识产权国际合作成就

“十三五”时期，知识产权国际合作牢牢把握正确方向，坚持服务国家发展战略，主动参与知识产权全球治理，扎实推进多双边知识产权合作，有力促进知识产权保护和创新，

更好支撑国家高水平对外开放。

五年间，习近平总书记等党和国家领导人见证了14份知识产权国际合作协议签署，并多次在重大国际场合阐明中国依法严格保护知识产权的鲜明立场和坚定决心。深度参与世界知识产权组织（WIPO）框架下的多边事务，WIPO中国办事处设立运行，首个在中国签署并以中国城市命名的知识产权国际条约《视听表演北京条约》正式生效。知识产权“一带一路”务实合作取得重要成果，成功举办两届高级别会议，建立起常态化的合作机制，与WIPO签署加强“一带一路”知识产权合作协议。积极推进中美欧日韩、金砖国家、中日韩、中蒙俄、中非、中国—东盟等小多边知识产权合作机制，与战略合作伙伴的关系进一步深化，与传统合作伙伴、周边及发展中国家的知识产权交流与合作再上新台阶。商标和地理标志领域的知识产权国际合作稳步发展。积极参与经贸领域知识产权磋商谈判，推动完成《中美第一阶段经贸协议》《中欧地理标志保护与合作协定》和《区域全面经济伙伴关系协定》（RCEP）等磋商谈判。中国有效发明专利在柬埔寨登记生效，实现老挝对中国发明专利审查结果的认可，专利审查高速路（PPH）合作伙伴达到30个，在华建设四批共102家世界知识产权组织技术与创新支持中心（TISC）。积极应对新冠肺炎疫情带来的挑战，与国外知识产权机构联合发布多份涉疫情声明。积极创新线上线下相结合的合作模式，有效巩固知识产权国际合作布局。

二、“十四五”时期知识产权国际合作工作面临的形势

当今世界正经历百年未有之大变局，全球新冠肺炎疫情的影响广泛而深远，新一轮科技革命和产业变革深入发展，国际创新版图和知识产权力量对比深刻调整。在此背景下，知识产权已成为大国竞争的重要筹码、全球治理的重要工具和维护国家安全的重要手段，对国际政治、经济、科技、贸易、文化、安全等方面的影响日益增强，越来越受到世界各国各地区的广泛重视。我国已进入高质量发展阶段，在以习近平同志为核心的党中央坚强领导下，经济长期向好、科技创新活跃、发展前景广阔。我国知识产权事业经历几十年的发展，实现了从无到有、从小到大的历史性跨越，我国也成为名副其实的知识产权大国。“十四五”时期，我国同世界的联系将更加紧密，国内外形势的变化，特别是当前复杂多变的国际形势，对我们做好知识产权国际合作工作提出了新的更高要求。

站在新的历史起点上，我们要立足新发展阶段，统筹推进知识产权领域国际合作和竞争，努力为我国经济社会发展营造良好的知识产权外部环境。要坚持贯彻新发展理念，充分发挥创新作为引领发展的第一动力的重要作用，努力打破制约知识、技术、人才等创新要素流动的壁垒，坚持开放共享，深化与各方的交流和合作。要坚持服务构建新发展格局，

支持畅通国内国际两个市场、两种资源，服务国际优势资源"引进来"和我国企业"走出去"，助推高水平自立自强。

三、"十四五"时期知识产权国际合作工作的目标和举措

针对知识产权国际合作工作，"十四五"知识产权规划提出"十四五"时期的工作目标，即"知识产权国际合作取得新突破。我国在全球知识产权治理体系中的作用更加凸显，知识产权国际协调更加有力，'一带一路'知识产权合作实现新进展，海外知识产权获权维权能力进一步提高"。围绕上述目标，"十四五"知识产权规划对主要工作任务作出安排，明确了具体举措，归纳起来有以下几个方面的内容。

（一）主动参与全球知识产权治理，推动完善知识产权国际规则体系

当前，新兴国家经济科技实力不断增强，在全球创新版图中的地位持续提升，广大发展中国家也希望发挥知识产权激励创新的重要作用，维护自身发展权益，呼唤更加公正合理的全球知识产权治理体制。同时，以大数据、人工智能等为代表的新领域新业态不断涌现，国际社会对数据、遗传资源、民间文艺、传统知识等方面加强知识产权保护的呼声渐起，知识产权国际规则体系面临深刻调整。为此，要秉持人类命运共同体理念，坚持开放包容、平衡普惠的原则，深度参与 WIPO 框架下的全球知识产权治理，提升在世界贸易组

织，以及各类自贸协定中知识产权谈判的议题设置能力，推动完善知识产权相关国际规则和标准，为解决全球共同面临的知识产权问题和挑战提出更多中国方案，更好地贡献中国智慧。

（二）努力扩大知识产权“朋友圈”，构建互利共赢合作伙伴体系

新冠肺炎疫情推动世界百年未有之大变局加速演进，知识产权国际合作面临诸多风险挑战，要站在更高起点上推进知识产权国际合作工作取得突出成效，更大力度加强知识产权保护国际合作。要统筹推进专利、商标、地理标志等领域国际合作，坚持“一国一策”，努力寻找与各方的最大公约数，通过合作来维护、巩固和发展共同利益。要深化同共建“一带一路”沿线国家和地区知识产权合作，继续打造高层次合作平台，进一步完善合作机制，探索疫情防控环境下的“一带一路”知识产权合作新模式，不断拓展务实合作项目，促进知识共享。继续提升在中美欧日韩、金砖国家、中日韩、中蒙俄、中国—东盟等知识产权合作上的影响力，强化与各方政策、业务方面的交流与合作。以深化与知识产权大局的合作为重点，加强与重点国家和地区的知识产权合作关系，支持发展中国家能力建设。要大力加强我国对外宣传能力建设，完善工作体系，更好地总结我国知识产权事业发展成就，通过最佳实践和典型案例，讲好中国知识产权故事，树立我国尊重知识产权、保护知识产权的良好国际形象。

（三）加强知识产权保护国际合作，推动构建良好外部知识产权环境

"十四五"知识产权规划提出要加强知识产权保护国际合作。知识产权是国际竞争力的核心要素，也是国际争端的焦点。当前，越来越多的中国企业"走出去"参与国际市场竞争，在实现自身国际化发展的同时，也在主动分享中国发展机遇，帮助各国人民实现对美好生活的向往。要更大力度加强知识产权保护国际合作，支持企业在海外的知识产权获权维权，有效维护其海外知识产权权益，维护国家核心利益。同时，要加强内外平衡保护，既依法保护在华外资企业的合法知识产权，也推动外国政府加强对我国企业知识产权的保护。一方面，通过强化在审查业务方面的务实合作，加大对审查结果的共享和推广力度，拓展和深化专利审查高速路网络等审查合作项目，支持企业更好地利用 WIPO 全球服务体系等渠道，使企业能够以更低成本、更高效率在海外获权。另一方面，通过加强与国外相关机构在打击侵权假冒、开展执法协作等方面的协调与合作，进一步完善海外知识产权纠纷应对指导等工作机制，切实帮助我国企业在海外维权。建立高效的国际知识产权风险预警和应急机制，积极整合各方信息和服务资源，加强对海外知识产权法律制度和政策体系的跟踪研究，提升海外知识产权信息服务能力，有效防范进出口贸易中的知识产权风险。完善海外展会知识产权服务机制，建立海关跨境合作机制，拓展跨境执法协作渠道，就重大案件开展联合执法。

强化与经贸相关知识产权保护
营造公平竞争营商环境

陈雨松

商务部条约法律司二级巡视员

一、“十三五”时期与经贸相关的知识产权保护成绩斐然

“十三五”时期，与经贸相关的知识产权保护不断强化，营商环境持续优化，圆满完成各项目标任务。一是积极推动知识产权立法。在配合完成商标法、专利法、著作权法、反不正当竞争法等相关法律修订的同时，推动出台《外商投资法》《外商投资法实施条例》，完善对外商投资企业的知识产权法律保护。二是双边知识产权谈判与交流成果丰硕。结束谈判并正式签署《中欧地理标志保护与合作协定》，完成谈判并正式签署《区域全面经济伙伴关系协定》（RCEP）等包含知识产权规则的自贸协定，组织召开与欧盟、日本、俄罗斯、瑞士等的双边知识产权工作组会议，中欧知识产权合作项目

顺利开展。三是在知识产权多边舞台主动发出中国声音。推动成立金砖国家知识产权合作机制，牵头参与亚太经合组织知识产权专家工作组会议，推动世贸组织公共健康多哈宣言落实。四是知识产权服务和产品"走出去"取得实效。推进国家文化出口基地建设，完善技术进出口管理体系，成功举办中国国际技术进出口交易会、中国国际服务贸易交易会等展会，持续在国际知名展会设立知识产权服务站，不断加强展会知识产权保护。五是电子商务领域知识产权保护持续推进。推动实施《网络零售第三方平台交易规则制定程序规定（试行）》，组织制定《B2C电子商务平台经营者交易规则制定指南》行业标准，举办中国电子商务大会电子商务法论坛，研讨电商领域知识产权保护等议题。六是特殊经济区域知识产权制度优势充分发挥。支持国家级经开区企业开展专利导航、知识产权运营、知识产权维权援助等。鼓励自贸试验区在加强知识产权司法保护、推进知识产权运营和服务体系建设、加强知识产权金融服务创新等方面大胆探索。七是知识产权海外维权机制不断完善。依托中国保护知识产权网，发布知识产权最新动态与知识产权国别环境指南，稳步推进企业知识产权海外维权援助系统建设。

二、"十四五"时期经贸领域知识产权所面临的新形势

"十四五"时期，我国进入新发展阶段，面临新情况、新

机遇、新挑战、新问题，需要进一步树立新思维、采取新举措。

一是国际知识产权规则正在经历大变革、大发展。当今世界正经历百年未有之大变局，新一轮科技革命和产业变革深入发展，以技术创新为载体的知识产权日益成为多双边经贸关系中的关注焦点。当前各国的竞争，既是技术创新的竞争，也是知识产权规则的竞争。而国际知识产权规则历经百余年的发展，在经济全球化和数字经济的影响下，也面临着前所未有的变革挑战。一方面，发达经济体认为现有规则体系力有未逮，希望构建更高标准、更为严格的规则体系。另一方面，新兴经济体需要在维持现有多边规则体系的基础上掌握更多的话语权，以期建立符合自身经济发展、平衡知识产权保护与公共利益的规则体系。

二是发达国家不断以知识产权为由对我国施压或采取单边限制。发达经济体对我国知识产权保护和执法长期关注，定期发布《特别 301 报告》《第三国知识产权保护和执法情况报告》等，持续关注我国知识产权保护和执法水平。部分国家以进口产品侵犯其知识产权为由对我国企业开展“337”调查等。面对日趋激烈的国际知识产权规则主导权竞争，推动完善知识产权及相关国际贸易、国际投资等规则和标准，促使全球知识产权治理体制向更加公正合理方向发展势在必行。

三是建设知识产权强国需要进一步加强制度顶层设计。当前，我国已进入高质量发展阶段，开始向知识产权强国迈进。习近平总书记在主持中共中央政治局第二十五次集体学习时指出，"创新是引领发展的第一动力，保护知识产权就是保护创新"，提出"要坚持以我为主、人民利益至上、公正合理保护，既严格保护知识产权，又防范个人和企业权利过度扩张，确保公共利益和激励创新兼得"。高质量发展和知识产权强国建设，都要求从思想和行动上实现从"要我保护"到"我要保护"的转变。一方面，与国际高标准保护接轨，发挥知识产权保护激励创新的制度功能，不断推进改革开放取得新成就。另一方面，立足国情，平衡知识产权与公共利益的关系，构建与我国发展水平相适应的知识产权规则体系。

三、"十四五"时期与经贸相关的知识产权重点任务

经贸工作是国内大循环的重要组成部分，是连接国内国际双循环的重要枢纽，在构建新发展格局中发挥着重要作用。"十四五"时期，要着力强化与经贸相关的知识产权保护，营造公平竞争的营商环境，充分发挥知识产权支撑经济社会高质量发展的重要作用，推动知识产权强国建设取得实效。

一是扎实推进双边知识产权交流合作。不断夯实与主要贸易伙伴的双边知识产权磋商合作。妥善应对中美经贸摩擦，落实《中美经贸协议》。充分利用与欧盟、日本、俄罗斯等建立的知识产权磋商对话机制，合理处置主要贸易伙伴提出的知识产权诉求，对等提出企业知识产权诉求，为企业"走出去"保驾护航。

二是持续在多边平台讲好"中国故事"，提出"中国方

案”。积极利用世界贸易组织、“一带一路”、金砖国家、亚太经合组织等多边平台，加强与各方的政策业务交流，宣传知识产权发展的“中国实践”，分享知识产权保护的“中国经验”，提出知识产权规则的“中国方案”。

三是进一步推进与经贸相关的知识产权谈判和规则构建。推动《区域全面经济伙伴关系协定》（RCEP）尽快生效，通过协定履约进一步提升我国知识产权保护和运用水平。加快推进中日韩、中国—海合会自由贸易协定谈判进程，积极考虑加入《全面与进步跨太平洋伙伴关系协定》（CPTPP），研究推动与更多国家和地区开展地理标志协定谈判，积极参与知识产权相关国际经贸规则构建。

四是进一步加强知识产权预警和海外维权援助机制建设。积极通过中国保护知识产权网发布知识产权相关信息、知识产权国别环境指南等，为企业提供国际知识产权最新动态和风险预警。指导企业做好知识产权海外布局和维权工作，并通过知识产权海外维权援助系统，为企业“走出去”提供维权援助服务。继续在国外知名展会设立知识产权服务站，聘请专家为参展企业提供免费法律咨询，积极探索“线上办展”知识产权服务站的设立方式。

五是依法平等保护外资企业知识产权。落实《外商投资法》及其实施条例有关规定，根据《外商投资企业投诉工作办法》，协调解决外资企业反映的知识产权保护有关问题，以规则公开透明、监管公平公正、服务便利高效、依法保护权益为着力点，营造平等竞争的营商环境。

六是积极推动知识产权服务和产品“走出去”。着力推进知识产权服务出口基地建设，打造数字贸易先行示范区，建设国家数字服务出口基地，培育骨干文化贸易企业，推动知识产权服务和产品“走出去”。

七是继续发挥特殊经济区域制度优势。不断完善国家级经开区知识产权体制机制和服务体系，围绕创新发展需求，加强区内企业知识产权能力培育，推进区内专利导航工作机制建设。支持自贸试验区（港）开展知识产权制度创新实践，积极向全国和有条件的地区复制推广制度创新成果，更好发挥示范引领和辐射带动作用。

积极发挥贸易投资促进机构作用 不断加强知识产权海外服务保障工作

刘　超

中国国际贸易促进委员会法律事务部部长

“十四五”时期是我国开启全面建设知识产权强国新征程的第一个五年，是全面加强知识产权保护，高效促进知识产权运用，推动构建新发展格局的关键阶段。《“十四五”国家知识产权保护和运用规划》（以下简称“十四五”知识产权规划）明确指出要“推进知识产权国际合作，服务开放型经济发展”，并提出“积极发挥贸易投资促进机构作用，不断加强知识产权海外服务保障工作”的举措，为贸易投资促进机构知识产权服务工作指明方向。

一、“十三五”时期知识产权海外服务保障工作取得积极进展

“十三五”时期，贸易投资促进机构发挥知识产权服务体系的专业优势，强化知识产权服务，开展国际交流合作，促

进提升我国企业国际知识产权保护能力，加强海外知识产权维权援助工作，在护航企业"走出去"过程中发挥了有效的知识产权服务保障和支撑作用。

一是积极开展知识产权经贸摩擦应对工作。组织工商界正面应对美国"301"调查和"特别301"调查等，积极参与调查听证，代表中国工商界阐述立场。积极帮助企业开展"337"调查应对工作。为强化涉外知识产权法律服务保障，成立中国贸促会经贸摩擦法律顾问委员会，专设知识产权组，服务涉外知识产权摩擦应对工作。

二是深度参与国际知识产权交流与合作。发挥世界知识产权组织长期观察员作用，代表中国工商界发声。利用中外政府间知识产权工作小组机制，代表中国工商界反映我国企业海外知识产权诉求。召开国际工商知识产权论坛、金砖国家知识产权论坛、中美企业知识产权圆桌会，提供国际知识产权交流高端专业平台，加强沟通，增信释疑。

三是着力开展知识产权海外预警与维权工作。构建覆盖全国、延伸海外的经贸摩擦预警网络，累计设立222家境内外预警机构，定期向企业发布海外知识产权风险预警信息。开展重点国家知识产权海外信息收集与风险评价"风向标"项目，发布国际知识产权保护指数报告，为企业"走出去"提供知识产权决策参考。积极发挥国家海外知识产权纠纷应对指导中心作用，为中国企业海外维权提供援助。开展美国国际消费类电子产品展览会等国际重点展会知识产权服务，有效帮助企业解决纠纷。开展企业国际化经营知识产权合规风险排查，为企业提供培训服务和“一对一”体检。

二、“十四五”时期知识产权海外服务保障工作面临新形势

新一轮科技革命和产业变革蓬勃兴起，与我国经济优化升级交汇融合，我国知识产权发展进入了新的历史时期，知识产权海外服务保障工作面临新的形势。

一是全球知识产权治理面临深刻变革。以知识产权为核心要素的国际贸易竞争不断加剧，知识产权规则竞争成为大国竞争的重要内容。世界知识产权组织积极推动全球知识产权规则完善，《原产地名称和地理标志里斯本协定日内瓦文本》正式生效。2018 年 12 月，《全面与进步跨太平洋伙伴关系协定》生效。2020 年 11 月，《区域全面经济伙伴关系协定》签署。2021 年 3 月，《中欧地理标志保护与合作协定》正式生效，为我国地理标志产品进入欧盟提供了条约保障。更高标准的知识产权要求正在逐渐嵌入全新的知识产权国际规则中，对我企业“走出去”开拓市场和开展知识产权国际合作提出了新要求。

二是新兴领域知识产权竞争不断加剧。围绕人工智能、移动通信技术、新一代信息技术等先进制造领域，各国创新竞争呈现加剧趋势，以大型跨国公司为代表的知识产权领先企业知识产权布局争夺更加激烈。受新冠肺炎疫情影响，医药卫生领域大国创新博弈增加。同时，“长臂管辖”出现新形

式，知识产权案件裁判域外适用竞争加剧。知识产权海外服务工作应更加突出重点，维护知识产权领域国家安全。

三是企业“走出去”的知识产权挑战日益增加。随着我国企业参与全球市场竞争不断深化，在海外面临的知识产权纠纷日益加剧，企业海外知识产权权益面临越来越多、越来越大的风险与挑战。与国内发生的知识产权纠纷相比，海外纠纷的应对更加复杂，成本更高。我国海外知识产权服务保障供给还无法全面满足企业开展国际化经营过程中知识产权布局与维权的需求，在国别信息搜集、重大风险预警、企业能力提升、维权应对协调、专业人才储备等方面需要进一步加强。

三、“十四五”时期知识产权海外服务保障工作的重点任务

“十四五”时期，将以落实“十四五”知识产权规划为牵引，不断加强知识产权海外服务保障工作，更好地服务构建新发展格局，为建设知识产权强国和贸易强国作出更大贡献。

一是主动参与知识产权领域国际合作。积极发挥世界知识产权组织长期观察员作用，参与全球知识产权治理。加大在国际保护知识产权协会、国际许可贸易工作者协会、国际商会知识产权委员会等组织中的工作力度，参与大数据、人工智能、基因技术、通信技术等新领域新业态知识产权国际规则制定。加强与重点国别和地区知识产权协会的交流合作，

讲好中国知识产权故事。发挥国际商事争端预防与解决组织作用，搭建全球知识产权纠纷预防和解决的新平台。办好2023年国际保护知识产权协会杭州世界知识产权大会。

二是不断完善知识产权风险预警机制。积极发挥贸促系统驻外代表机构和各地方行业经贸摩擦预警机构作用，完善知识产权风险预警反馈机制。跟踪发布重点产业知识产权信息和竞争动态。完善海外知识产权信息服务平台，发布相关国家和地区知识产权制度环境等信息，发布全球知识产权保护指数。建立完善企业海外知识产权问题及案件信息提交机制，加强对重大知识产权案件的跟踪研究，及时发布风险提示。探索与“一带一路”沿线国家和地区的知识产权合作机制，研究制定重点国别与知识产权相关的贸易调查应对和风险防控指南。

三是着力提升企业海外知识产权保护能力。实施支持企业海外知识产权布局业务推广三年行动计划，面向重点地区和产业的技术密集型、创新驱动型企业加强海外知识产权业务推广和宣传，举办海外知识产权相关活动和培训，加强企业间业务交流，帮助企业提高海外知识产权布局意识和能力。加大企业知识产权合规培训，开展第三方监督评估和企业风险排查，帮助企业强化知识产权合规意识、防范化解风险、维护海外利益。

四是大力帮助企业开展涉外知识产权摩擦应对。参与应对相关国家对中国发起的知识产权领域调查，代表我国工商界参加听证会、提交抗辩意见，做好增信释疑工作。积极组织我国企业开展应对"337"调查等涉外知识产权案件的相关工作，切实维护我国企业海外知识产权合法权益。继续完善海外展会知识产权保护和维权体系，做好展前宣传培训、风险排查，展中咨询指导、调解服务，展后总结汇报跟进等全流程服务。

五是持续开展知识产权海外宣传与维权。发挥贸促系统驻外代表机构靠前优势，在经贸活动中积极主动宣传中国知识产权成就，介绍优秀中国企业、知名中国品牌和优质中国制造商品。依托驻在国中资企业协会，积极了解驻在国政府部门、商会等机构的意见建议及合作需求，收集整理打击侵权假冒商品信息。引导帮助中国企业在当地申请专利、注册商标，树立品牌形象，在自觉抵制侵权假冒行为的同时自主开展维权活动。积极参与国家海外知识产权纠纷应对指导中心建设，为企业"走出去"保驾护航。

六是加快完善知识产权纠纷多元化解决机制。大力推进知识产权仲裁、调解工作。推动建立中国国际知识产权仲裁委员会、中国贸促会调解中心知识产权调解专家委员会，为企业提供便捷的知识产权纠纷解决国际化平台。推动知识产权仲裁规则、调解规则制定。提高知识产权仲裁、调解从业人员专业能力，大力培养知识产权多元化纠纷解决国际化人才。

加强知识产权队伍建设
夯实事业发展人才基础

王岚涛
国家知识产权局人事司司长

党的十八大以来，以习近平同志为核心的党中央高度重视知识产权工作。2020 年 11 月，习近平总书记在主持中共中央政治局第二十五次集体学习时发表重要讲话，特别强调要“重视知识产权人才队伍建设”，为新时代全面加强我国知识产权人才工作提供了根本遵循和路径指引。

一、“十三五”时期知识产权人才工作取得的成就

我国知识产权事业的高速发展离不开坚实的人才保障，“十三五”期间，《知识产权人才“十三五”规划》有效实施，实现了人才资源总量大幅增加、人才能力素质稳步提高、人才发展环境不断改善、人才使用效能显著增强等目标。

知识产权人才发展体制机制和政策环境进一步优化，印发《关于贯彻落实〈2018—2022 年全国干部教育培训规划〉

的实施意见》，统筹做好干部教育培训工作，国家知识产权局成为中央人才工作协调小组成员单位，国家职称体系经济系列中增设知识产权专业；全国知识产权人才资源总量大幅增加，达到 69 万人；人才队伍结构进一步优化，“五个一批”知识产权急需紧缺人才队伍基本形成，人才能力素质全面提升；知识产权人才工程项目实施效果显著，培养和造就了一支规模、结构和层次符合知识产权事业发展需要，分布适应国家区域经济发展布局，能够基本满足国家经济社会发展需要的知识产权人才队伍，为知识产权强国建设提供了人才支撑与保障，为“十四五”时期知识产权人才发展奠定了良好基础。

国家知识产权培训基地建设工作不断加强，在全国 19 个省（区、市）批复成立了 26 家国家知识产权培训基地，其中，中小微企业知识产权培训基地 3 家。平均每年在国家知识产权培训基地举办知识产权专业人才能力提升培训班近 50 期。各培训基地积极完善产学研用相结合的人才培养模式，提高人才培养的针对性和实效性。经过多年的发展，国家知识产权培训基地已成为人才培养工作重要平台和品牌，培训工作取得良好效果。

为进一步巩固和深化机构改革成果，全面加强地方知识产权行政管理人员队伍建设，针对机构改革后地方需求，统筹开展地方行政管理人员轮训工作，不断提升其专业能力和业务水平。2018 年以来，紧密围绕地方工作实际设置有关课程内容，采用理论学习、案例分析、实务操作有机结合的培训方式，邀请国内知识产权行业和相关领域知名专家学者等进行授课，开展了若干次面向地方行政管理人员的大规模轮训。除面授培训外，加强通过网络方式开展地方行政管理人员培训，进一步加强轮训针对性，取得显著成效。

二、“十四五”时期知识产权人才工作面临的形势和目标

“十四五”时期是我国从知识产权引进大国向知识产权创造大国转变，知识产权工作从追求数量向提高质量转变的关键五年。时代呼唤人才，人才造就伟业，为更好地发挥知识产权在促进建设现代化经济体系，激发全社会创新活力，推动构建新发展格局等方面的重要作用，需要以更加积极的政策、更加明确的任务、更加有力的举措，培养造就大批德才兼备的高素质人才，让各类知识产权人才的创新活力竞相迸发。

要坚持党管人才，注重需求导向、质效并重、系统推进。全面整合知识产权人才工作资源，建立知识产权全领域人才协同发展机制，构建和完善符合新时代知识产权强国建设需要的知识产权人才体系，让“人才链”能够满足知识产权各领域、各环节、各层次的各类需求。加强人才高质量培养，优化知识产权人才供给，完善人才评价机制，全面提升人才使用效能，着力打造有利于人才成长和发展的高端平台，全方位提高人才能力素质和水平层次。打造一支规模达到100万

人左右，结构不断优化、素质稳步提升的知识产权专业化人才队伍，为加快建设知识产权强国奠定坚实的人才基础。

三、"十四五"时期知识产权人才工作的重点任务

《"十四五"国家知识产权保护和运用规划》围绕加强知识产权人才队伍建设进行了部署，"十四五"时期要重点做好以下几方面工作。

（一）持续推进知识产权学科专业建设

近年来，高水平知识产权实务人才需求与日俱增，现有的高层次、复合型、应用型知识产权人才数量不能满足我国经济全球化和社会高质量发展的迫切需求。为此，需要大力加强知识产权专业学位教育，打造具有国际视野和国际事务应对能力、深度参与世界知识产权组织框架下全球知识产权治理的知识产权高层次人才队伍，需要紧紧围绕我国经济社会高质量发展需求和知识产权强国建设目标，培养知识产权专业理论扎实、知识产权实务技能丰富，熟练掌握和运用知识产权规则，具有一定外语能力和国际化视野的高层次、复合型、应用型知识产权人才。

要积极推动知识产权学科专业体系建设，大力加强知识产权学历教育。支持获准开展学位授权自主审核的单位依程序设置交叉学科门类下的知识产权一级学科点。加快推动设立知识产权专业学位。鼓励和引导高校结合自身优势设置知

识产权专业方向。鼓励高校设立知识产权辅修学士学位、双学士学位、联合学士学位等项目，推动知识产权课程纳入理工科高校必修课程。继续支持共建知识产权学院，建设高水平师资队伍和课程体系，打造知识产权精品课程。

（二）稳步推动建设一批知识产权人才培养基地

为实现培养更高质量知识产权人才的目标，“十四五”时期，要新设立一批国家知识产权人才培养基地，探索由高校、企业和知识产权服务机构共同参与的知识产权人才产学研培养模式，建立以市场需求为导向的知识产权人才联合培养机制，形成知识产权人才培养和交流平台。推进国家知识产权局审查员实践基地建设。建立国家知识产权培训基地动态调整机制，进一步优化培训基地布局，提升培训基地质量。推行人才培训规范化标准化，打造一批具有辐射作用和可复制的规范化标准化培训试点项目，推广开展“递进式”系列培训。打造一批开展效果突出的培训基地特色品牌项目，加强支持和宣传力度，完善项目质量评估机制和成果推广机制，进一步提升人才培养效果和效益。

（三）推动知识产权职称制度改革实施工作

继续做好政策宣传和解读，及时关注经济系列职称改革推进情况，结合知识产权工作实际做好衔接配合，做好培训规划，加强宣传报道，营造良好氛围。进一步加强调研，继续赴有关部委、央企了解相关做法，确保工作稳步推进。摸清地方需求，进一步推动知识产权职称考评工作更好地服务市场主体、创新主体。组建考试专家库，组织专家组修订职称考试大纲和教材。继续推进职称信息化建设工作。

（四）加大知识产权智库建设力度

要充分发挥国家知识产权专家咨询委员会作用，为知识产权发展全局性、关键性、前瞻性问题提供战略层面的咨询建议。要加强国家知识产权研究机构与高校、科研机构等单位的交流，开展理论和实践问题研究。鼓励引导高校、社会机构开展知识产权智库建设，支持地方知识产权智库建设工作，构建多层次、高水平的知识产权智库体系。细化知识产权专家库分类，健全地理标志、商业秘密、传统知识、传统文化等领域专家类别。推进人才称号回归学术型、荣誉型，切实精减人才“帽子”，优化整合各类知识产权人才计划，加强知识产权领军人才、高层次人才等的培养和使用，打造一支“高、精、尖”知识产权人才队伍。

（五）加强知识产权行政管理人员轮训

为进一步加强地方行政管理人员队伍建设，要持续推动地方行政管理人员线上线下轮训。扎实推进地方知识产权行政管理人员网络培训，在中国知识产权远程教育平台设置行政管理人员轮训专区，新上线远程精品课程 100 门。针对企业、服务机构等个性化需求，支持引导知识产权网络培训市场化项目健康发展。指导地方开展行政管理人员培训，不断提升地方行政管理人员能力水平，实现全员轮训。

（六）大力培养知识产权国际化人才

继续加大外派国际化人才培养力度。一方面，在培养资源上予以倾斜，更加重视国际化人才的实践锻炼和运用。继续大力向知识产权国际组织推送人才，力争进一步提升中国国际职员的数量和层级。另一方面，要充实现有人才队伍，拓展知识产权国际化人才类型。提升国际化人才培养的现代化水平，加大国际化人才的知识更新，鼓励其参与对新兴领域知识产权规则的研究，推动知识产权国际化人才培养的现代化。